近代政治史系列

戊戌维新运动史话

*A Brief History of
the 1898 Reform Movement in China*

刘悦斌 / 著

社会科学文献出版社
SOCIAL SCIENCES ACADEMIC PRESS (CHINA)

图书在版编目（CIP）数据

戊戌维新运动史话/刘悦斌著.—北京：社会科学文献出版社，2011.5
（中国史话）
ISBN 978 - 7 - 5097 - 1949 - 7

Ⅰ.①戊… Ⅱ.①刘… Ⅲ.①戊戌变法 - 史料 Ⅳ.①K256.506

中国版本图书馆 CIP 数据核字（2011）第 075998 号

"十二五"国家重点出版规划项目

中国史话·近代政治史系列

戊戌维新运动史话

著　　者 / 刘悦斌

出 版 人 / 谢寿光
总 编 辑 / 邹东涛
出 版 者 / 社会科学文献出版社
地　　址 / 北京市西城区北三环中路甲 29 号院 3 号楼华龙大厦
邮政编码 / 100029

责任部门 / 人文科学图书事业部 （010）59367215
电子信箱 / renwen@ssap.cn
责任编辑 / 黄　丹　乔　鹏
责任校对 / 韩莹莹
责任印制 / 郭　妍　岳　阳
总 经 销 / 社会科学文献出版社发行部
　　　　　（010）59367081　59367089
读者服务 / 读者服务中心 （010）59367028

印　　装 / 北京画中画印刷有限公司
开　　本 / 889mm×1194mm　1/32　印张 / 5.25
版　　次 / 2011 年 5 月第 1 版　　　字数 / 97 千字
印　　次 / 2011 年 5 月第 1 次印刷
书　　号 / ISBN 978 - 7 - 5097 - 1949 - 7
定　　价 / 15.00 元

本书如有破损、缺页、装订错误，请与本社读者服务中心联系更换
版权所有　翻印必究

《中国史话》
编辑委员会

主　　任　陈奎元

副 主 任　武　寅

委　　员　（以姓氏笔画为序）
　　　　　卜宪群　王　巍　刘庆柱
　　　　　步　平　张顺洪　张海鹏
　　　　　陈祖武　陈高华　林甘泉
　　　　　耿云志　廖学盛

总　序

中国是一个有着悠久文化历史的古老国度，从传说中的三皇五帝到中华人民共和国的建立，生活在这片土地上的人们从来都没有停止过探寻、创造的脚步。长沙马王堆出土的轻若烟雾、薄如蝉翼的素纱衣向世人昭示着古人在丝绸纺织、制作方面所达到的高度；敦煌莫高窟近五百个洞窟中的两千多尊彩塑雕像和大量的彩绘壁画又向世人显示了古人在雕塑和绘画方面所取得的成绩；还有青铜器、唐三彩、园林建筑、宫殿建筑，以及书法、诗歌、茶道、中医等物质与非物质文化遗产，它们无不向世人展示了中华五千年文化的灿烂与辉煌，展示了中国这一古老国度的魅力与绚烂。这是一份宝贵的遗产，值得我们每一位炎黄子孙珍视。

历史不会永远眷顾任何一个民族或一个国家，当世界进入近代之时，曾经一千多年雄踞世界发展高峰的古老中国，从巅峰跌落。1840年鸦片战争的炮声打破了清帝国"天朝上国"的迷梦，从此中国沦为被列强宰割的羔羊。一个个不平等条约的签订，不仅使中国大量的白银外流，更使中国的领土一步步被列强侵占，国库亏空，民不聊生。东方古国曾经拥有的辉煌，也随着西方列强坚船利炮的轰击而烟消云散，中国一步步堕入了半殖民地的深渊。不甘屈服的中国人民也由此开始了救国救民、富国图强的抗争之路。从洋务运动到维新变法，从太平天国到辛亥革命，从五四运动到中国共产党领导的新民主主义革命，中国人民屡败屡战，终于认识到了"只有社会主义才能救中国，只有社会主义才能发展中国"这一道理。中国共产党领导中国人民推倒三座大山，建立了新中国，从此饱受屈辱与蹂躏的中国人民站起来了。古老的中国焕发出新的生机与活力，摆脱了任人宰割与欺侮的历史，屹立于世界民族之林。每一位中华儿女应当了解中华民族数千年的文明史，也应当牢记鸦片战争以来一百多年民族屈辱的历史。

当我们步入全球化大潮的 21 世纪，信息技术革命迅猛发展，地区之间的交流壁垒被互联网之类的新兴交流工具所打破，世界的多元性展示在世人面前。世界上任何一个区域都不可避免地存在着两种以上文化的交汇与碰撞，但不可否认的是，近些年来，随着市场经济的大潮，西方文化扑面而来，有些人唯西方为时尚，把民族的传统丢在一边。大批年轻人甚至比西方人还热衷于圣诞节、情人节与洋快餐，对我国各民族的重大节日以及中国历史的基本知识却茫然无知，这是中华民族实现复兴大业中的重大忧患。

中国之所以为中国，中华民族之所以历数千年而不分离，根基就在于五千年来一脉相传的中华文明。如果丢弃了千百年来一脉相承的文化，任凭外来文化随意浸染，很难设想13亿中国人到哪里去寻找民族向心力和凝聚力。在推进社会主义现代化、实现民族复兴的伟大事业中，大力弘扬优秀的中华民族文化和民族精神，弘扬中华文化的爱国主义传统和民族自尊意识，在建设中国特色社会主义的进程中，构建具有中国特色的文化价值体系，光大中华民族的优秀传统文化是一件任重而道远的事业。

当前，我国进入了经济体制深刻变革、社会结构深刻变动、利益格局深刻调整、思想观念深刻变化的新的历史时期。面对新的历史任务和来自各方的新挑战，全党和全国人民都需要学习和把握社会主义核心价值体系，进一步形成全社会共同的理想信念和道德规范，打牢全党全国各族人民团结奋斗的思想道德基础，形成全民族奋发向上的精神力量，这是我们建设社会主义和谐社会的思想保证。中国社会科学院作为国家社会科学研究的机构，有责任为此作出贡献。我们在编写出版《中华文明史话》与《百年中国史话》的基础上，组织院内外各研究领域的专家，融合近年来的最新研究，编辑出版大型历史知识系列丛书——《中国史话》，其目的就在于为广大人民群众尤其是青少年提供一套较为完整、准确地介绍中国历史和传统文化的普及类系列丛书，从而使生活在信息时代的人们尤其是青少年能够了解自己祖先的历史，在东西南北文化的交流中由知己到知彼，善于取人之长补己之短，在中国与世界各国愈来愈深的文化交融中，保持自己的本色与特色，将中华民族自强不息、厚德载物的精神永远发扬下去。

《中国史话》系列丛书首批计200种，每种10万字左右，主要从政治、经济、文化、军事、哲学、艺术、科技、饮食、服饰、交通、建筑等各个方面介绍了从古至今数千年来中华文明发展和变迁的历史。这些历史不仅展现了中华五千年文化的辉煌，展现了先民的智慧与创造精神，而且展现了中国人民的不屈与抗争精神。我们衷心地希望这套普及历史知识的丛书对广大人民群众进一步了解中华民族的优秀文化传统，增强民族自尊心和自豪感发挥应有的作用，鼓舞广大人民群众特别是新一代的劳动者和建设者在建设中国特色社会主义的道路上不断阔步前进，为我们祖国美好的未来贡献更大的力量。

2011年4月

⊙刘悦斌

作者小传

刘悦斌，曾用名刘岳斌，1962年生，河北省辛集人，1986年在河北师范学院获历史学硕士学位，1996年在中国社会科学院研究生院获历史学博士学位，2003年3月至2004年2月在英国伦敦大学亚非学院（SOAS）做访问学者。现为中共中央党校文史教研部历史室主任、教授。发表论文20余篇，出版《中国社会福利史》（合著）、《中国农民战争史论辩》（合著）、《朋友·客人·同事——晚清的幕府制度》（合译）等著作。

目 录

引 言 ……………………………………… 1

一 风雨如磐
　　——民族危机的加深 ………………… 2
　1. 瓜分豆剖的危机 …………………… 3
　2. 午夜惊雷 …………………………… 5

二 "圣人为"异军突起
　　——早期维新思想和康有为的崛起 … 8
　1. 锋芒初露 …………………………… 8
　2. 创立"托古改制"理论 …………… 11
　3. "公车上书" ……………………… 18

三 洪波涌起
　　——汹涌澎湃的维新宣传活动 ……… 22
　1. 维新旗手——康有为 ……………… 23
　2. "笔锋常带感情"的梁启超 ……… 28
　3. "冲决网罗"的谭嗣同 …………… 34

4. 以"天演"警醒国人的严复 ·············· 40
5. 三湘大地风雷激荡 ······················ 50
6. 洋人的鼓噪 ······························ 59

四 秀才与皇帝的合作
　——维新变法运动的高潮 ·············· 65
1. "颇想有所作为"的青年皇帝 ········· 65
2. 异源同流 ································· 70
3. 继续联络同志 ··························· 82
4. 光绪帝终于下定了决心 ················ 88
5. "一朝天子"想有"一朝臣"的努力 ··· 90
6. 新政上谕如雪飞 ························ 98

五 伏尸名士贱，称疾诏书哀
　——戊戌政变，变法失败 ·············· 105
1. 各不相让的争斗 ························ 105
2. 秀才们想动武 ··························· 112
3. 风云突变 ································· 121

六 丰厚的遗产
　——维新变法运动失败原因及其意义 ········ 137
1. 惨痛的教训 ······························ 137
2. 不灭的功绩 ······························ 142

参考书目 ··· 146

引 言

有人说，中国是一个保守的国度，她悠久的历史和源远流长光辉灿烂的文化积淀，成为一个沉重的包袱，使她在前进的路途上越来越步履维艰。此说自然不无道理。但是，在中国历史上，也并不缺乏敢于冲破先王法度、试图进行因时损益的改革之士。一个世纪前以康有为、梁启超为代表的资产阶级维新派即是其中的佼佼者，由他们发动领导的维新变法运动可谓是中国历史上声势浩大的改革运动。

农历戊戌年达到高潮的这次运动，是在资本主义列强加紧侵略中国，以致中国面临空前严重的民族危机的严峻形势下爆发的，是中国民族资本主义初步发展的产物，也是近代以来，中国人在学习西方、自谋独立富强道路上的一个重要里程碑。尽管它无可挽回地失败了，但毫无疑问它有力地推动了近代中国历史的发展，并给后人留下了弥足珍贵的经验教训和启示。

一　风雨如磐

——民族危机的加深

公元1895年（清光绪二十一年），是中国近代史上一个十分重要的年份。上一年7月爆发的中日甲午战争，经过半年多的激战，最终以清朝军队的全面败绩而告终，李鸿章苦心经营数十年的淮军望风披靡，北洋海军毁于一旦，清政府不得不再一次在极不平等的条约上签字，以牺牲巨大的民族利益为代价，换取屈辱的和平。

1895年4月17日，清政府议和全权代表李鸿章及其子李经方与日本政府的全权代表伊藤博文和陆奥宗光在日本马关（今下关）签订了结束这次战争的中日《马关条约》。根据条约，中国承认日本对朝鲜的控制，中国割让台湾全岛及所有附属各岛屿、澎湖列岛和辽东半岛给日本（辽东半岛后被"赎回"），中国赔偿日本军费2亿两白银，中国允许日本人在中国通商口岸投资设立工厂、输入机器等。《马关条约》是中国近代史上自《南京条约》以来最为苛刻的丧权辱国条约，从此中国在半殖民地的泥淖中又深陷了一大截。

1 瓜分豆剖的危机

资本输出给中国带来的更大的灾难，是它引发了资本主义列强在中国掀起了一个争相夺取租借地、划分势力范围的狂潮。

甲午战争后，列强在中国掀起争夺租借地、划分势力范围狂潮的前奏曲是所谓的"三国干涉还辽"。根据《马关条约》的规定，辽东半岛是要与台湾岛等一起割让给日本的。一直企图独霸中国东北地区的俄国首先反对，法、德两国出于各自不同的动机，也附和俄国，要求日本退回辽东半岛，并陈兵日本海面，以武力相要挟。日本无力与三国抗争，只得借机向清政府敲诈了3000万两的"赎辽费"。俄国带头"干涉还辽"成功，遂借机向清政府索要"报酬"。清政府出于"以夷制夷"的幻想，对俄国也颇有好感。1896年，俄国趁沙皇尼古拉二世举行加冕典礼之机，诱迫清政府派重臣李鸿章为专使赴俄庆贺，经过秘密谈判，双方在莫斯科签订了中俄《御敌互相援助条约》，即《中俄密约》，主要内容为：日本如侵占俄国的远东领土或中国以及朝鲜领土，中、俄两国应以全部海、陆军互相援助；战争期间，中国所有口岸均对俄国军舰开放；中国允许俄国通过黑龙江、吉林两省修造一条通达海参崴的铁路（即中东铁路），无论平时或战时，俄国均可通过该铁路运送军队和军需品。表面看来，《中俄密约》是中、俄两国共同防御日本的军事盟约，实际上，俄国是借"共同防日"的幌子把侵略势力渗透到中国东北地区。之后,中俄又签订了《合办东省铁路公司合同章程》,规定俄国在铁路沿线有派驻警察、开采煤矿和兴办其他工矿企业的权利,把这一地区变成了它的势力范围。

正式拉开夺取租借地、划分势力范围狂潮帷幕的是德国。1897年11月中旬,德国以两个德籍传教士在山东巨野县被杀为借口,派军舰占领了胶州湾。不久,俄国即在12月中旬强占了旅顺口和大连湾。1898年3月6日,德国强迫清政府订立了《胶澳租界条约》,规定胶州湾成为德国的租借地,租期99年,山东全省则成为其势力范围。同年3月27日和5月7日,俄国又强迫清政府签订《旅大租地条约》和《续订旅大租地条约》,规定旅顺口、大连湾以及附近海面成为俄国的租借地,租期25年,辽东半岛和东北全境则成为其势力范围。

继俄、德之后,1898年4月,法国胁迫清政府同意租让广州湾,并于1899年11月6日正式签订了《广州湾租界条约》,广州湾及其附近水面成为法国的租借地,租期99年,而云南、广西和广东三省则成为其势力范围。英国则要求租让九龙半岛,并于1898年6月9日强迫清政府订立《展拓香港界址专条》,规定位于深圳河以南、九龙半岛界限街以北以及附近岛屿,即所谓"新界",成为英国的租借地,租期99年。英国又于1898年7月1日强迫清政府订立《订租威海卫专条》,取得了威海卫海湾连同刘公岛和威海卫沿岸10

里宽的地段的租借权。此前不久，英国已迫使清政府允诺不将长江沿岸各省让与或租给他国，整个长江流域成为其势力范围。日本在割占台湾后，继续趁火打劫，于1898年4月22日强迫清政府允诺不把福建租让给其他国家，使福建成为其势力范围。

《中俄密约》签订后，李鸿章很是沾沾自喜，洋洋得意地对人说："二十年无事，总可得矣。"然而，现实却无情地打碎了他的美梦，证明那不过是一厢情愿的幻想。包藏祸心的俄国，很快就在瓜分狂潮中露出了它的狐狸尾巴。《中俄密约》的签订，不但没有保证"二十年无事"，连两年无事都没有保证。转瞬之间，祖国的大好河山即横遭肢解，面临着瓜分豆剖的危机。事实再一次雄辩地证明，古老的"以夷制夷"法宝已经不适用于当时的国际形势，要想在列强环伺、合而侵华的险恶环境中生存下去，只有变法维新，改弦易辙，发愤自强，舍此没有第二条路可走。

2 午夜惊雷

甲午战争给中国人的震动是巨大的。

众所周知，中日两国是一衣带水的邻邦，自古即有着友好的交往。1972年中日恢复邦交后，郭沫若曾填《沁园春·祝中日恢复邦交》词一首，上阕云："赤县扶桑，一衣带水，一苇可航。昔鉴真盲目，浮桴东海，晁衡负笈，埋骨盛唐。情比肺肝，形同唇齿，文化交流有耿光。堪回想，两千年友谊，不等寻常。"鉴真是唐代中国高僧，应日本佛教界邀请赴日传律授戒，5次东渡，均因风狂浪恶等原因未能成功，直到753年才搭乘日本遣唐使的船到了日本，这时他已65岁高龄，而且双目失明。晁衡是日本留唐学生，留中国50余年，并曾在唐朝做官，官至节度使。他与大诗人李白交往甚密。一次，李白听说他在回国途中船毁人亡，十分悲痛，并作诗哀悼，诗云："日本晁卿辞帝都，征帆一片绕蓬壶。明月不归沉碧海，白云愁色满苍梧。"在两国当时的交往中，日本是毕恭毕敬的小学生，通过派遣遣唐使和留学生，日本吸收了中国的许多东西，包括土地制度、法律、思想、宗教、文学以至衣食住行等生活习惯和习俗。例如：日本的文字由汉字和主要借自汉字偏旁的假名组成，日本的和服仿自唐代中国人的服装，日本人席地而坐本是宋代以前中国人的习惯，日本的茶道是中国古代饮茶方法的继承发展。可以毫不夸张地说，日本是受中国文化影响最深的国家。因此，在甲午战争爆发之前，一般的日本国民对中国仍有一种敬畏的心理，而在中国，除一些了解彼此实力的人如李鸿章外，大多数人都把日本看作不足畏惧的"倭奴"，甚至连李鸿章的北洋海军教习英国人琅威理也说："战事既成，日舰必大受创。若以中国必欲力战而言，则出其全力，直可支持100年之久，依然物产丰繁，各事具备，无须外人之臂助也。"

然而，战争的结果却出乎人们的预料，小小的岛国竟一举打败了老大的帝国，消息传来，如午夜惊雷，给中国人以强烈的震动。吴玉章回忆说："从前我国还只是被西方大国打败过,现在竟被东方的小国打败了,而且失败得那样惨,条约又订得那样苛刻,这是多么大的耻辱啊!"因而,"它使全中国都为之震动","我还记得甲午战败的消息传到我家乡的时候,我和我的二哥(吴永琨)曾经痛哭不止"。当时"痛哭不止"的又何止吴玉章兄弟!一切有爱国心的中国人,又有谁不为之震惊、不为之痛哭呢?康有为说:"日人内犯,致割地赔饷,此圣清二百余年未有之大辱,天下臣民所发愤痛心者也!"

震惊、痛哭之余,中国该怎么办?所有爱国的中国人都在思考这个问题。正是甲午战争带来的震惊和思考,加速了一场轰轰烈烈的资产阶级维新变法运动的爆发。

二 "圣人为"异军突起
——早期维新思想和康有为的崛起

锋芒初露

康有为（1858~1927），又名祖诒，字广厦，号长素，广东南海人，戊戌维新运动的主要发起者和组织者，中国近代史上声名赫赫的政治活动家和思想家。

康有为出生于一个理学世家，自幼接受正统的封建教育，从6岁起就读《大学》、《中庸》、《论语》、《孝经》等儒家典籍。康有为少年老成，儿童的天性本来是活泼好动的，而他却小小年纪就"不苟言笑"，"有志于圣贤之学"，因而"乡里俗子笑之，戏号之曰'圣人为'"。

1876年，年轻的康有为投在朱次琦门下求学。朱次琦是当时著名学者，学问渊博，诲人不倦。朱次琦在学术上"主济人经世，不为无用之空谈高论"，这种"通经致用"思想对康有为有深刻的影响。在他门下，康有为了解了数千年的学术源流，得以融会贯通诸子百家的学说。但是康有为并不满足于"通经致用"的学术追求。据他自己后来回忆，1878年秋冬之际，他对中国的"要书大书"已经有了大概了解，这时他对整天埋头于故纸堆中产生了厌烦情绪，开始"日有新思"。他想，那些著名的考据学家，如戴震虽然学问渊博，"著书满家"，但是又有什么用呢？于是，他"绝学捐书"，不再读书，而是闭门谢客，"静坐养心"。静坐时，他"忽见天地万物皆我一体，大放光明，自以为圣人，则欣喜而笑；忽思苍生困苦，则闷然而哭"，反映了康有为当时彷徨、苦闷和无所依归的思想状态。

抛弃了传统的安身立命之学的康有为并没有马上找到更先进、更科学的学说。他的思想离开了读书人传统的道路，却紧接着陷入了佛、道的迷宫。他辞别朱次琦后，移居到南海西樵山白云洞，绝交闭户，潜心研究佛经、道经，进入了一种虚幻缥缈、想入非非的境界。这种苦心研读对他以后的思想也产生了很大的影响。

1879年，康有为在一个偶然的机会结识了翰林院编修张鼎华，这一邂逅彻底改变了他的人生道路。从张鼎华那里，他"尽知京朝风气、近时人才及各种新书"，从此，他茅塞顿开，"舍弃考据帖括之学，专意养心"，因感念民生艰难，于是"哀物悼世，以经营天下为志"。此后，他开始阅读江南制造总局翻译馆印行的《西国近事汇编》、李圭的《环游地球新录》及当时翻译出版的有关西学的书籍。与此同时，他又有机会去了一次香港，第一次看到了"西人宫室之瑰丽，道路之整洁，巡捕之严密"，才知道"西人治国有法度，不得以古旧之夷狄视之"。从此，西学进入了他的视野，像磁铁一样对他产生了强烈的吸引力，他的面前出现了一个崭新的天地。1882年，他到北京参加顺天乡试，途经上海时，又亲眼目睹了这座在鸦片战争之后才发展起来的港口城市正在经历着的巨大变迁，"益知西人治术之有本"，于是"大购西书以归讲求焉"。从此，他不再苦闷，不再彷徨，开始"尽释故见"，"大讲西学"，对声、光、化、电等西方自然科学知识和各国史志等均有涉猎，"俛读仰思，日有大进"。

1888年，康有为再次赴京参加顺天乡试。此时正值奉天（今辽宁省）发生水灾，康有为以此为契机，拟了一份条陈，准备呈递给光绪帝，这就是他的《上清帝第一书》（百日维新前，康有为共有7次上书），请求清政府实行变法。在这份条陈中，他首先陈述了列强侵逼中国的现状，指出俄国筑铁路而迫盛京（今沈阳）于北方，英国侵缅甸而觊觎西藏及川、滇于西南，法国以越南为跳板而图滇、粤，日本也在内治兵饷、外购铁舰，将要吞并朝鲜而窥伺中国。他针对当时朝政弊端，提出了如下变法主张：变成法，即改变旧的不合时宜的政策；通下情，即下情上达，广泛听取意见，择善而用之；慎左右，即皇帝要选用忠良之臣，罢斥佞臣。他还要求慈禧太后和光绪帝作自我批评，"下诏罪己，及时图治"。他这个条陈的针对性是很强的，可惜的是并未能呈递到最高统治者手上。原因在于，康有为当时还只是一介秀才，没有资格直接上书言事，他的条陈需要请人代递，但是由于他在条陈中用语尖刻，言辞激烈，没有人敢替他代递。尽管如此，这次上书是康有为在政治上第一次崭露锋芒，还是在当时的知识阶层和政界人士中产生了不小的影响，为他赢得了很高的声誉。

2 创立"托古改制"理论

1890年春，康有为移居广州云衢书屋。这时，一个叫陈千秋的学海堂学生慕名来访，相见之后，对康有为大为钦仰。这年秋天，陈千秋告诉同学梁启超，说康有为的学说是他们做梦都没有梦见过的，这回可算遇上真正的老师了。梁启超比康有为小15岁，但因是举人，很有些自命不凡，而康有为还只是个秀才。但是，一经交谈，梁启超大受震动。多年以后梁启超回忆初次见到康有为的情形时说，他们辰时（上午7~9点）入见康有为，到戌时（晚上7~9点）才告退，康有为的理论对他来说就好像是"冷水浇背，当头一棒"，使他顿时"尽失其故垒，惘惘然不知所从事，且惊且喜，且怨且艾，且疑且惧"，以至"竟夕不能寐"。康有为"以大海潮音，作狮子吼"，把他"所挟持之数百年无用旧学"，一条条予以驳诘，"悉举而摧陷廓清之"。第二天梁启超再去拜访康有为，康有为"乃教以陆（九渊）王（守仁）心学，而并及史学、西学之梗概"，梁启超自此"决然舍去旧学"，从学海堂退了学，转而拜康有为为师。梁启超坦承"生平知有学自兹始"。在梁启超、陈千秋的请求下，康有为乃于1891

年在广州长兴里设立"万木草堂",开始执鞭教学,梁启超、陈千秋则成了他最早的学生。

从1891年到1894年这4年间,康有为主要做了两件事,一是聚徒讲学,二是著书立说,二者同时进行,相辅相成,既培养了维新人才,又建立了他的维新思想体系。

聚徒讲学。康有为开办学堂,追求新知的青年学子闻风而来,联翩不断,次年即达40多人。康有为招收弟子,并无正式的考试,而是与想来就学的人面谈,专门吸收那些具有一定文化水平,又能接受他的学说的人。康有为为学堂制订《长兴学记》以为学规。在授课内容上,康有为贯彻的是以孔学、佛学、宋学(即理学)为体,以史学、西学为用的原则,宗旨"专在激励气节,发扬精神,广求智慧"。授课形式除了讲授外,主要是让学生自学。据他的学生回忆说:在万木草堂,我们除听讲外,主要靠自己读书、写笔记。当时入草堂,第一部分就是读《公羊传》,同时读汉代董仲舒著的《春秋繁露》。除读中国古书外,还要读很多西洋的书,如江南制造总局关于声、光、化、电等科学译述达百数十种。他还设立了"功课簿"制度,就是给学生们每人一本功课簿,学生凡读书过程中产生的疑问或心得都写在功课簿上,每半月呈缴一次,康有为亲自批答。他把这作为一种重要的教学方法,对学生一条简短的疑问,往往写出长篇的批答。康有为在万木草堂的4年多时间里倾注了大量的心血。他敞开思想,无所顾忌,鼓励学生独立思考,启发学生们同他本人一道探求挽救民族危亡的道路，寻求富国强兵的道路，开创了一派新的学风，使原来埋头于八股制艺的青年学子，变成了关心国家民族命运的热血青年。数年间，康有为培育了很多维新人才，如梁启超、陈千秋、麦孟华、徐勤、韩文举等，其中最为异类拔萃的是梁启超，他在后来的维新运动中成为康有为最得力的助手，发挥了很大作用，以致人们往往将"康梁"并称。维新运动活跃的地区，如北京、上海、湖南、广东等地，都有万木草堂的学生。

著书立说。即构筑维新变法的理论体系。康有为维新变法思想的理论根据来源于今文经学。所谓"今文经"，是指西汉初年由一些儒生所传授、用当时通行的隶书写成定本的儒家典籍，而后来发现的一些用先秦六国文字写成定本的儒家典籍则被称为"古文经"。今、古文经学的主要区别在于对经书的解释不同：古文经学侧重于名物训诂，比较朴实；今文经学则主张探索经书的所谓"微言大义"，思想比较活跃。1889年，康有为结识了今文经学家廖平，读了廖平的《今古学考》一书后，深受启发。今文经学阐发圣人"微言大义"的主张的灵活性和神秘性不正可用来为维新变法张本吗？他心胸顿时豁然开朗，一头扎进今文经学，为维新变法寻找理论根据，很快便硕果累累，这就是他在弟子们协助下撰写的《新学伪经考》和《孔子改制考》两部著作。

《新学伪经考》是1891年刊行的，由陈千秋、梁启超协助完成。这儿的"新学"，是指古文经学，

"新"是王莽的国号。魏源曾经贬斥汉学（古文经）是伪汉学，而康有为根本就不承认它是汉学。他认为，古文经根本就不存在，今文经就是孔子留传下来的真经，所谓"古文经"，是汉代的刘歆伪造的，刘歆伪造古文经的目的是为王莽篡夺汉位制造舆论，湮乱了孔子的微言大义，因而，古文经学不应被称为汉学而应被称为"新学"，它不是"真经"而是"伪经"，他作《新学伪经考》，就是要彻底推翻、批判旧古文经学的伪说，发扬今文经学阐释孔子之道的微言大义，保卫孔学。从形式上看，这是一部考证辨伪的学术著作，其中并未涉及政治问题，而且书中也一再声明是为了维护"孔子之道"，实际上，这是一部地地道道的政治著作。从学术上看，书中有不少臆想、武断之处，如说后世出土的钟鼎彝器都是"刘歆私铸埋藏以欺后世"，连梁启超也不得不承认"此实为事理之万不可通者"。但是，从政治意义上说，他这部著作却是振聋发聩的。首先，他把自东汉以来被历代统治者奉为经典的古文经，统统说成是"伪经"，这对清代正统的官学（汉学和宋学）是一个沉重的打击，不仅打破了长期以来古文经的绝对权威和由它造成的"万马齐喑"的思想界死气沉沉的局面，而且从根本上对维护君主专制制度的理论依据提出了挑战。其次，他在该书中否定了古文经学"述而不作"（重在"记事"）的主张，主张探索孔子的微言大义，这是对当时保守知识分子的挑战，给知识界以思想上的极大震动。用梁启超的话说，这实在是"思想界之一大飓风"。实际上，这是一部披着学术外衣、为维新变法提供理论依据的著作。正因为如此，守旧派大哗，对其予以猛烈抨击，清政府也先后三次下令将该书毁版。

如果说《新学伪经考》的目的在于否定历代统治者崇奉的儒家经典，作用在于破旧，那么，《孔子改制考》的目的则在于正面创立维新变法的理论根据，作用在于立新。

在《新学伪经考》中，康有为指责刘歆湮乱了孔子的微言大义，那么，孔子的微言大义到底是什么呢？在《孔子改制考》中，康有为宣称：孔子的微言大义就是"托古改制"！按照儒家传统的说法，《诗》、《书》、《礼》、《乐》、《易》、《春秋》六经是孔子删改之作，孔子是"述而不作"，是"信而好古"的古代文化保存者。在他们看来，"世愈远而治愈甚"，唐虞三代是黄金时代，对于摆在眼前的现实问题，他们不是用积极的态度去正视、解决，而是往往神往于"三千余年古国古"的所谓"三代盛世"。这样一来，孔子"述而不作"、"信而好古"就成了顽固守旧势力阻挠改革的理论依据。康有为一反传统观点，认为孔子以前的历史都是茫昧无稽的，先秦诸子提出伏羲以至尧舜等人物都是为了宣传自己的思想主张，假托自己的主张古代曾经实施过，借以树立自己的权威。与诸子一样，孔子也是"托古改制"，他创立儒教，编撰六经，提出一套由他自己创立的尧、舜、禹、汤、文、武的政教礼法，作为"托古改制"的根据，这就彻底否定了顽固守旧的理论依据。他认为孔子创立的儒教教义最完善，制度最完备，徒众最多，因而到汉武帝时就取得了独尊的统治地位，孔子也成了"万世救主"。在这里，那个述而不作的保守的封建圣人戏剧性地一变而成为了"托古改制"的"素王"（指孔子虽未居帝王之位，而有帝王之德，故称之为"素王"），成了资产阶级维新变法思想的祖师。

康有为"托古改制"理论的核心是"通三统"、"张三世"的学说。"三统"说和"三世"说都是今文经学家的主张。所谓"三统"，是指"黑统（人统）"、"白统（地统）"和"赤统（天统）"。"三统"（也叫"三正"）说在汉代由董仲舒加以系统化，成为一种理论。这种理论认为，每一个朝代都有一个"统"，这个"统"受之于天，旧王朝违背了天命，便由另外一个"承应天命"的新王朝来代替，旧王朝的"统"便让位于新王朝的"统"，朝代更替，就是这三统的循环往复。举例来说，夏是"黑统"，商是"白统"，周是"赤统"，周以后又是黑、白、赤三统依次更替，可见"三统"说实质上是一种历史循环论。但是，这种理论承认夏、商、周三代的制度不是一成不变的，而是根据实际情况的变化有所损益，正是这种"变"为维新变法提供了理论根据。在康有为这里，"三统"说反映的是进化论的历史观。

"三世"说也是由董仲舒理论化的。《春秋公羊传》有言："公子益师卒。何以不日（不记死亡日期）？远也。所见异辞，所闻异辞，所传闻异辞。"董仲舒据以发挥，将春秋时代的史事，分为"所见"、

"所闻"、"所传闻"三等，认为孔子"笔削"《春秋》，或者"微其辞"，或者"痛其祸"，或者"杀其恩"，是以时代的远近而异其笔法的。东汉何休又予以推阐，以"传闻世"为"衰乱"，"所闻世"为"升平"，"所见世"为"太平"，此即所谓"三世"。这三世一世比一世进步，说明历史是向前发展的，这是一种历史进化论。康有为用资产阶级政治思想附会"三世"说，使"三世"说有了不同于以往的崭新的政治内容。他把"三世"解释为"据乱世"、"升平世"和"太平世"；认为"据乱世"是君主时代，"升平世"是君主立宪时代，而"太平世"则是民主共和时代，人类社会必须按照由据乱而升平而太平，即由君主专制而君主立宪而民主共和的顺序向前发展，由此他得出结论：君主专制制度的中国必须实行变法维新，实行君主立宪制度。

康有为就是这样用旧瓶装新酒的手法，变戏法般地向以封建学术面貌出现的外壳中，灌输进了充满资产阶级社会政治思想的维新变法主张，论述了维新变法的必然性，使维新变法主张有了理论基础。范文澜曾说他是在"利用孔子进行政治斗争"。

《孔子改制考》一书，在思想界引起了极大的震荡，被称为"火山大喷火"。在以后的维新变法活动中，康有为继续牢牢抱住孔子改制说不放。但是，由于他塑造的孔子和历代统治者所崇奉的孔子截然不同，因而遭到了守旧势力的嫉恨和抨击，孔子改制学说被指责为"离经叛道，惑世乱民"，康有为被视为"辩言乱政之人"，《孔子改制考》也被作为"悖书"，同《新学伪经考》一样遭到清政府的严禁。

在为维新变法构筑理论根据的同时，康有为也在构筑他的理想国，这就是酝酿于中法战争前后，而于1902年最后完成的《大同书》。该书初名《人类公理》。《大同书》共十部分，第一部分是"入世界观众苦"，列举了人类社会中的种种不合理现象和人们所受的种种苦难，以此来说明这个世界一定要变。后九部分则具体描述了他所企盼的那个理想国的情景，描绘了一幅大同世界的美景：在这个世界里，没有私有财产，没有阶级，没有国家，没有军队，也没有帝王将相，人人相亲，人人平等。康有为大同思想的来源很驳杂，既有中国传统的大同思想（《礼运》所描绘的那种"天下为公，选贤与能，讲信修睦……"的社会），也有佛教的慈悲思想，既有今文经学派的"三世"说，也有资产阶级的自由、平等、博爱思想。他把这些学说糅合在一起，幻想出了一个"至善至美"的大同世界，表明了他对现实的不满和对美好社会的向往。当然，他的大同世界只是一种美妙的幻想，所以毛泽东说："康有为写了《大同书》，他没有也不可能找到一条到达大同的路。"

3 "公车上书"

尽管康有为已经具有了资产阶级维新思想，但是，他"迫于母命"，仍继续参加科举考试，终于在1893

年乡试中了举人。两年后,康有为与其弟子梁启超又一起赴京参加会试。此时适值中国在甲午战争中遭到惨败,李鸿章赴日本谈判,被迫签订了丧权辱国的《马关条约》,不惜以割让台湾及辽东半岛等地、赔偿2亿两巨款等为代价换取屈辱的和平。消息传到北京,犹如晴天霹雳,朝野震动,群情激奋。在京应试的举子们更是痛心疾首,纷纷以省籍为单位到都察院(清代最高的监察、弹劾和建议机关,平民给清政府的上书由该院负责呈递)上书请愿。在全国反对卖国条约的声浪中,康有为异军突起,怀着异常愤激的心情,发动1300多名举人举行集会,并用一昼两夜的时间,草拟了一份1万余言的条陈,这就是有名的《公车上书》,即《上清帝第二书》(关于"公车",说法不同。一般认为,汉代取士主要是通过征召和察举,被征召和各地举荐的士子乘公家车辆赴都,后世遂以"公车"作为各省进京会试举人的代称)。

在这份充满爱国激情的上书中,康有为痛陈对日割地赔款必将丧失民心,引起列强接踵而至的严重后果,请求皇帝"下诏鼓天下之气,迁都定天下之本,练兵强天下之势,变法成天下之治"。具体来说,就是请求皇帝下诏罪己,处分丧权辱国的大臣;迁都西安,整军再战;将对日赔款移作军费,加紧练兵;发愤变法,推行"富国"、"养民"、"教民"之法。康有为指出,前三项只是"权宜应敌之谋",只有"变法"才是"立国自强之策"。他建议清统治者"当以开创之势治天下,不当以守成之势治天下;当以列国并立之势治天下，不当以一统垂裳之势治天下"，即要求更张旧法，向西方看齐。康有为在《公车上书》中还提出了明确的经济主张和政治主张。经济方面，他主张清政府实行有利于民间资本主义发展的政策，即"富国"（包括发行钞票、修筑铁路、开机器厂、设轮船公司、开矿、设邮政等）、"养民"（包括务农、劝工、惠商、恤穷）、"教民"（包括设立新式学堂以开才智、开设报馆以"开拓心思"、将各地淫祠改为孔庙"以化导愚民，扶圣教而塞异端"等）。政治方面，他主张革新庶政，办法是裁汰冗员，改革官制，设立使才馆，最重要的是在中央设立"议郎"，由士民公举通明政体、方正直言的人充任，职责是"上驳诏书，下达民词"，对国家的大政方针采取集体讨论、"三占从二"即以少数服从多数的方法作出决策，这带有比较鲜明的资产阶级议会制度的色彩。

其后不久，康有为又拟了《上清帝第三书》和《上清帝第四书》。《上清帝第三书》的内容与《公车上书》大致相同，但增加了练兵一项的具体措施，并建议皇帝拔擢人才、慎选左右等。第三书是康有为第一次被呈递到光绪帝面前的上书，引起了光绪帝的高度重视，对促使光绪帝下定决心博采众议、推行新法起了很大作用。《上清帝第四书》则是一份反映了康有为甲午战争后对中国政治体制改革的一系列想法的重要文件，其中最重要的一点是他在这份上书中明确提出了设立"议院"的建议。

公车上书在中国近代史上是一件大事。虽然这次上书由于都察院以朝廷已在《马关条约》上签字,事情已经无法挽回,拒绝代递,因而未能呈递到光绪帝面前,但是,康有为等人在京师重地、天子脚下居然组织了1000多人的大规模集会,掀起了声势浩大的上书请愿活动,"实为清朝二百余年未有之大举",而且"中国数千年未闻有此大举也",它开创了近代知识分子以群体力量参与政治活动的新时代,在朝野上下引起了巨大的震动,产生了广泛的影响。康有为起草的上书,"煌煌之文,惊天地泣鬼神",不仅传遍了北京,还通过各省的举人传向了全国,广为流传,使人们"亦渐知天下大局之事,各省蒙昧起辟,实起点于斯",发挥了极大的启蒙作用。康有为从此声名鹊起,名声大著。

公书上书事件标志着酝酿多年的资产阶级维新变法思潮已经发展成为爱国救亡的政治运动,标志着中国新兴的资产阶级开始登上了政治舞台,轰轰烈烈的维新变法运动由此拉开了帷幕。

三 洪波涌起
——汹涌澎湃的维新宣传活动

任何一场大的社会运动都是以舆论宣传为先导的，维新变法运动也不例外。甲午战争后，以康有为等人发动的公车上书为标志，面对资本主义列强加紧侵略中国的严峻形势，维新志士们纷纷举起维新变法的旗帜，倡言变更旧法，师法西方以图自强而御外侮。这期间，维新派在宣传方面做了大量工作，详细阐述了变法维新的紧迫性、必要性和他们的思想主张，驳斥了顽固守旧势力"恪守祖宗成法"、反对任何变革的保守主张，不少外国人士也为了各自的利益站在维新派一边推波助澜。维新派的宣传活动主要是通过三个途径进行的，一是创立学会，二是出版报刊，三是开办学堂。一时间，宣传维新思想的学会、报刊、学堂如雨后春笋，纷纷涌现，声势之浩大前所未有，新旧之间的斗争也空前激烈起来。下面以有代表性的维新人物的思想和活动为主要线索，介绍一下维新派的宣传活动及新旧之间的斗争。

1 维新旗手——康有为

公车上书后不久，康有为已感到期望由朝廷主动实行变法困难颇大，而各国的改革，"未有不从国民而起者"，因而想"倡之于下，以唤起国民之议论，振刷国民之精神"。这里的"国民"，主要指官僚士大夫。他认为，为了唤起"国民"的觉醒，开通风气，启迪新知，"非合大群不可，且必合大群而后力厚也"。因此，他"日以开会之义号召同志"，想通过组织学会广泛联络同志，壮大自己的队伍，扩大维新思想的影响。

时为户部郎中、军机处章京的陈炽认为，办事有先有后，应当先办报纸，以开通人们的心智耳目，然后方可广联同志，开办学会。康有为等同意了他的意见。于是，在设会之先，先行办报，在1895年8月17日创办《万国公报》。数年前英美传教士就发行《万国公报》杂志，已有一定的知名度，维新派袭用其名，以利推广。《万国公报》是维新派创办的第一份报纸，为双日刊，每期有论说（相当于社论）1篇，除转载其他报纸文章外，主要由梁启超和麦孟华执笔撰写，重点宣传和介绍康有为"富国"、"养民"、"教民"的主张和具体建议，对开矿、铸银、制机器、造轮船、筑铁路、办邮政、立学堂、设报馆以及务农、劝工、惠商、恤穷等都有论列，基本上是发挥康有为在《公车上书》中提出的变法主张。

《万国公报》发行后，"舆论渐明"，于是他们又募捐集资，于1895年11月正式在北京成立了资产阶级维新派的第一个政治团体，取名"强学会"。康有为为之作《强学会叙》，以感人的笔触描绘了一幅中华民族危难迫在眉睫的图景："俄北瞰，英西睒，法南瞵，日东眈，处四强邻之中而为中国，岌岌哉！况磨牙涎舌，思分其余者，尚十余国。"指出中国犹如"鼾寝于火薪之上"的危险处境。接着，他又以世界各国的实例说明一个国家强弱兴衰的根源，指出印度、土耳其等大国都因为"守旧不变"而亡，其他亚非各国纷纷沦为列强的俎上之肉，也都是因为守旧不变，说明维新变法的必要性和紧迫性，呼吁中国的官僚士大夫们起来挽救民族危亡。文章催人泪下，厉人奋起。

强学会的主要活动，除每10天集会一次，每次都有人宣讲"中国自强之学"外，还建立了图书馆、强学书局（又叫译书局），并将《万国公报》改名《中外纪闻》作为强学会的机关报。图书馆备有大量中西图书和科学仪器供人们阅读、参观，强学书局则负责翻译西书西报，并发行《中外纪闻》。《中外纪闻》以梁启超、汪大燮为主笔，除摘录清政府内阁发布的政府文件、选摘各地新闻外，又载"格致有用之书"，介绍西方资本主义国家的情况，并兼述自然科学知识，借以探讨"万国强弱之原"，提出维新变法的各项主张，对开通人们的思想，宣传维新变法主张，起了很大作用。

为了扩大宣传阵地，在北京强学会筹建工作基本完成后，康有为于10月17日离京南下，到南京游说署理两江总督张之洞，想在"南北之汇，为士大夫所走集"的上海设立上海强学会。张之洞是著名洋务派官僚，甲午战争后曾上疏反对议和，具有向西方学习的思想，曾向北京强学会捐资白银5000两。康有为到南京后，与张之洞"隔日一谈"，每次都谈到深夜。张之洞对在上海设立强学会表示支持，而且"颇以自任"，但是却不相信康有为孔子改制的学说。张之洞支持建立上海强学会，是为了借此捞取政治资本，扩大自己的声势。

上海强学会成立之初，康有为主持拟定了章程，说明该会的宗旨是"求中国自强之学"，是"专为中国自强而立"，并提出了上海强学会应办的"最要者四事"：一是译印图书，以"讲求西学之法"；二是刊布报纸，以"觇敌情"，传播新知；三是开图书馆，搜集中国古籍中"经世有用"之书和关于西方政教及各种学术的图书；四是开博物院，置办机器，讲求制造。总而言之，就是要介绍和学习西方资本主义的自然科学知识和社会政治学说，用以拯救中国。但是，强学会的主张学习西方，却是打着孔子"托古改制"的旗号出现的，对此张之洞表示反对，但康有为并不因张之洞自捐白银500两并拨公款1000两作上海强学会的办会经费而改变自己的主张。

作为"最要者四事"之一的刊布报纸，上海强学会发行了《强学报》，由康门弟子徐勤和何树龄为主笔。与北京强学会的《中外纪闻》相比，《强学报》的政治色彩更为鲜明。《强学报》用孔子纪年与光绪年号并列，报头署"孔子卒后二千三百七十三年，光绪二十一年"，它以论说为主要内容，不但表明了托古改制的意图，而且极力宣传维新思想，并提出了在中国设立议院的主张。第二号上刊登的《变法当知本源论》是第一篇公开在报刊上主张开设议院的文章。因而，虽然《强学报》总共才发行了三期，但是它的影响却重大而深远。

强学会是由康有为等维新志士一手倡导建立起来的，但是列名参加强学会的人或与之有关系的人的成分却相当复杂。就北京强学会来说，其中有维新派，如康有为、梁启超、麦孟华等；有帝党官僚，如光绪帝的师傅户部尚书翁同龢和工部尚书孙家鼐、翰林院侍读学士文廷式、刑部郎中沈曾植、编修沈曾桐等；有地方实力派人物，如正在天津小站编练新军的袁世凯和担任地方督抚的刘坤一、张之洞、王文韶等；权倾一时的李鸿章也想捐金入会，但因其刚刚亲手签订了屈辱卖国的《马关条约》而被拒绝；还有一些外国人，如英国传教士李提摩太（Timothy Richard）、美国传教士李佳白（Gilbert Reid）等。维新派之所以吸收许多原本不属于维新志士的人加入强学会，或去寻求他们的支持，一方面固然是由于创立强学会的目的是为了尽量多的联络各方面的力量，借以壮大自己的阵营，广泛传播维新变法主张，另一方面也因为势单力孤，又没有掌握任何行政权力，于是广泛吸收高级官僚及其亲信以壮大自己的声势。这么多各色背景的人或加入或支持强学会，尽管其动机不尽相同，但是却表明了一个事实：维新变法思想已经开始成为一股强劲的社会思潮，以康有为为代表的资产阶级维新派也已经取得了社会的广泛承认并有了相当大的影响力。

强学会宣传维新变法，遭到顽固守旧势力的嫉恨和反对。1896年1月，御史杨崇伊上奏折弹劾强学会"私立会党"，"植党营私"，请朝廷颁令严禁。强学会成员复杂，有许多人并不是坚决要求变法的志士仁人，因而一听到杨崇伊上折要求清廷查禁的消息，就如惊弓之鸟，或匿避不出，或急得"垂泪""出涕"，有的甚至想去讨好杨崇伊，只有强学会的中坚力量维新派和某些帝党官僚想继续把强学会办下去，因而想设法挽回。恰值此时，有个御史上折说强学书局有益于培养人才，建议将其改为官书局。该建议得到采纳，于是清廷派孙家鼐管理。强学会改为官书局后，投机分子把它看作升官发财的捷径，重又粉墨登场，多方钻营，而原来强学会的主要领导人陈炽、沈曾植、梁启超反遭排挤。官书局成了一个面目全非的机构，于是强学会乃名实俱亡。张之洞得到北京强学会遭封禁的消息，也马上见风使舵，下令关闭了上海强学会。强学会的机关报《中外纪闻》和《强学报》也被迫停刊。

强学会及其机关报存在的时间虽然并不长，但是它们的意义是重大的，不仅大力宣传了维新思想，开阔了人们的眼界，提高了人们的思想认识，推动了维新变法运动向纵深发展。更重要的是，这是资产阶级维新派建立的最早的政治团体和发行的报纸，起了带头和示范作用。康有为以大无畏的胆魄，冲破了清朝历代统治者不准士民集会结社的禁令，一反乾嘉以来士人不得干预政治的传统，公然成立学会，发行报纸，这一惊人之举开创了一代新风，给维新志士以莫大的鼓舞。不到数年，学会林立，报刊盛行，正如梁启超所指出的那样："自是学会之风遍天下，一年之间，设会百数，学者不复以此为大戒矣。"强学会尽管还不是成熟的资产阶级政治团体，但是它却"战胜数千年旧习惯"，"一新当时耳目"，具有"革新中国社会之功"，而主持建立强学会的康有为则当之无愧地成为维新变法的旗手。

"笔锋常带感情"的梁启超

在维新变法运动中，梁启超是仅次于康有为的维新领袖，又是康有为最为得力的助手。他以"常带感情"的笔触，呼吁变法，是当时著名的政论家和宣传鼓动家。

梁启超（1873~1929），字卓如，号任公，广东新会人。梁启超少年聪慧，才思敏捷，9岁即能缀文千言；10岁时出口成诗，一座皆惊，得"神童"之誉；12岁中秀才，17岁中举人，少年得志。他经常为此而"沾沾自喜"。他自幼醉心于训诂辞章之学，接受的是传统的封建教育，直到1890年他阅读了徐继畬著的《瀛环志略》之后，才知道世界上"有五大洲各国"。这年秋天，正在广州学海堂的梁启超应同学陈千秋之邀，慕名往访康有为，对康有为的学说大为"感服"，

"乃北面执弟子礼",与陈千秋一起成了康有为的开门弟子。当时,梁启超已是举人,而康有为还只是个秀才,按照习惯,康有为应该称梁启超为"先生"。梁启超却一反旧俗,拜康有为为师,即此也反映了他追求真理的勇气。在万木草堂就读期间,他协助康有为完成了维新变法的理论著作《新学伪经考》和《孔子改制考》,并阅读了江南制造总局出版的西学书籍和英国人傅兰雅编辑的《格致汇编》等,对西方有了一定程度的了解。

1895年,梁启超随康有为赴北京参加会试,正值中日签订《马关条约》的消息传来,梁启超愤激不已,发动广东、湖南两省举人上书都察院,拒绝和议,接着又全力协助康有为发动公车上书,开始了他的政治活动。维新派创办《万国公报》,梁启超成为主要编辑人之一。北京强学会成立后,梁启超又被任命为书记员。维新变法运动之初,梁启超就以其热情和才华而崭露头角,这时他才22岁。

这期间,梁启超阅读了大量西学书籍,愈益感到更张旧法、师法西方的紧迫性和必要性,并以宣传维新变法为己任,"斐然有著作之志"。在强学会及其机关报被禁封后,曾参加上海强学会的黄遵宪和汪康年谋议另办一份报纸,黄遵宪力邀"旷世奇才"的梁启超担任主笔。黄遵宪(1848～1905),字公度,广东嘉应州(今梅县)人,是著名的资产阶级维新政治家。他曾多年担任清政府的外交官,致力于介绍西学,主张"中国必变从西法"。他所著《日本国志》,

除全面介绍日本国情外，着重研究了日本明治维新后的改革措施，并结合中国实际加以分析，阐述自己的变法思想，是维新变法的重要启蒙读物之一。汪康年（1860~1911），字穰卿，浙江钱塘（今杭州）人，是张之洞的幕僚，也具有维新思想，但主要是依张之洞的意旨行事。

新办的报纸叫《时务报》，1896年8月9日创刊，由汪康年任经理，梁启超任主笔，到1898年8月8日停刊，共出69册。该报以"变法图存"为宗旨。梁启超充分利用主持笔政的便利，倡言变法，一篇又一篇议论新颖、精彩有力而又通俗易懂的文章在《时务报》上与读者见面，其中最著名、影响最大的是他的长篇政论《变法通议》。

在这些政论文章中，梁启超以资产阶级进化论的观点，抨击了"泥祖宗之法"的顽固守旧思想，阐述了自然界中的一切事物都在不断变化的规律，推论人类社会也没有一成不变的制度，反复说明变法的紧迫性和必要性。他指出："法者，天下之公器也；变者，天下之公理也。大地既通，万国蒸蒸，日趋于上，非可阙制。变亦变，不变亦变。变而变者，变之权操诸己，可以保国，可以保种，可以保教；不变而变者，变之权让诸人，束缚之，驰骤之。呜呼！则非吾之所敢言矣。""变而变"指主动实行变法，"不变而变"指被迫由他人代行变法。他举了四个例子说明变法的必要和不变法的危害。其一是日本，它也曾遭受西方国家的欺凌，但是在强敌面前，日本自己主动进行变法，向西方学习，"自明治维新，改弦更张，不三十年"而致富强，并进而向外扩张，"夺我琉球，割我台湾"，成为亚洲第一强国；其二是突厥（指土耳其帝国），尽管它"地跨（欧亚非）三洲，立国历千年"，然而却"守旧不变"，致使"他人执其权而代变之"，国土被其他国家肢解分割；其三是印度，本是"大地最古之国"，因为"守旧不变"，已经"夷为英籍"，沦为英国的殖民地了，这是被一个国家吞并而代其变法；其四是波兰，本为"欧西名国"，由于"政事不修，内讧日起，俄、普、奥相约，择其肉而食之矣"，这是被几个国家瓜分后替它变法。那么，在"吉凶之故，去就之间"，在"变"与"不变"、"自变"和他人"代变"之间，应该作出怎样的选择呢？答案是再明确不过了："自变"可以保持国家民族的独立，而他人"代变"则是亡国。梁启超的这种警告可以说是振聋发聩的，对人们起到了极大的警醒作用。

那么，该如何变呢？梁启超的回答是学习西方，以强敌为师。他说："古人所患者，离乎夷狄而未合乎中国；今之所患者，离乎中国而未合乎夷狄。"指出今昔异势，过去的"夷狄"不能不"合乎中国"，而现在的中国却不能不"合乎夷狄"了，因为现在的"夷狄"是远比中国进步、强大的西方资本主义国家。梁启超为此专门著《西学书目表》，辑录中外西学译著300余种，内容涉及时政及西方社会政治学说和自然科学，并附有《读西学书法》。在学习西方方面，梁启超最重要的贡献是提出了抑君权、兴民权的政治主张。

他认为，自秦以至当时，中国历史绵延两千多年，政治制度没有发生大的变化，实行的一直是君主专制制度，而"君权日益尊，民权日益衰，为中国致弱之根源"，要想使中国转弱为强，就要仿效西方，大兴民权。他认为，学习西方，主要的是学习西方的政治制度，这才是根本，至于坚船利炮、制造技术等都是皮相之学。他总结说："一言以蔽之：变法之本在育人才，人才之兴在开学校，学校之立在变科举，而一切要其大成，在变官制。"即改革政治制度。他强调这是"立国之元气，致强之本原"，并引证大量中外事实，摆事实，讲道理，具有很强的说服力。

由于梁启超中学根底深厚，西学也颇有造诣，才思敏捷，笔锋犀利，文采飞扬，讲理透彻，而且"笔锋常带感情"，因之他的宣传很能打动人心，产生了广泛而深远的影响。梁启超也因此享誉中外，声名大著。当时的"新学士子"看到梁启超"语言笔札之妙，争礼下之，通邑大都，下至僻壤穷陬，无不知有新会梁氏者"。《时务报》也因此大为畅销，数月之间，销行万余份，一时洛阳纸贵，"为中国有报以来所未有"。湖南维新人士邹代钧致函经理汪康年说："昨日俞恪士送到报百份，阅之令人狂喜，谓识文兼具，而采择之精，雕印之雅，犹为余事，足洗吾华历来各报馆之陋习。三代以下，赖有此举，为吾党幸，为天下幸。"他又说："此报名贵已极，读书人无不喜阅"，要求"补寄二百份"。张之洞对《时务报》和梁启超也另眼相看，认为该报"识见正大，议论切要，足以增广见闻，激发志气……实为中国创始第一种有益之报",下令湖北全省"官销《时务报》",湖北全省文武大小各衙门,"俱行按期寄送一份,各局、各书院、各学堂分别多寡分送,共计二百八十八份"。张之洞写信给梁启超,向《时务报》"捐助银元五百元","其盼卓老中秋来鄂一游,有要事奉商"。其实,张之洞当时已是花甲老翁,而梁启超才不过24岁,竟称梁启超"卓老",的确说明了梁启超和《时务报》在当时的影响。

　　但是,梁启超和张之洞毕竟分属不同的政治派别,尽管他们在向西方学习方面有不少共同点,但是他们的政治主张却有着根本的区别:梁启超以康有为的"托古改制"学说为理论武器,不但主张学习西方的自然科学技术,而且主张学习西方资本主义的政治制度,对君主专制制度进行改造;张之洞只是想学习西方的军事技术和机器生产,用以巩固君主专制制度及其理论基础纲常名教,在学习西方的问题上,抱定"中学为体,西学为用",以"西用"卫"中体"的态度。因而,随着梁启超对洋务派批评日趋激烈、对"托古改制"理论和抑君权兴民权的主张不断进行积极宣传,张之洞越来越不能容忍。他曾一度想把梁启超聘往湖北,予以官禄,借以笼络,但却遭到梁启超的拒绝。于是,他开始对《时务报》横加干涉。洋务思想本来就多于维新思想的汪康年秉承张之洞的意旨,一步步控制了《时务报》,终于迫使梁启超在1898年3月辞去了《时务报》主笔的职务,《时务报》从此脱离了维新派,改弦易辙了。

这一时期梁启超的活动，除主笔《时务报》外，还曾主持创立澳门《知新报》、上海大同译书局、上海不缠足会，编辑出版大型丛书《西政丛书》，而最重要的是担任湖南时务学堂的中文总教习，在宣讲维新变法思想，培养维新人才方面发挥了很大作用。

3 "冲决网罗"的谭嗣同

谭嗣同（1865～1898），字复生，号壮飞，湖南浏阳人。他出身于一个封建官僚家庭。其父谭继洵长期在北京任职，后曾任湖北巡抚、署湖广总督。在19世纪末的资产阶级维新派中，谭嗣同思想最为激烈。

同康有为、梁启超等大多数人一样，谭嗣同自幼接受的也是传统的封建教育，系统地学习了儒家经典，但是他鄙视科举，12岁时就在制艺课本上批了"岂有此理"四个字。谭嗣同少年丧母，受到庶母的虐待，"备极孤孽苦"。他后来回忆说："吾自少至壮，遍遭纲伦之厄，涵泳其苦，殆非生人所能任（忍）受。"这种遭遇，使他切身感到了封建纲常伦理的虚伪性和残酷性，年轻时就在心中埋下了反对纲常名教的种子。谭嗣同刚强任侠，喜欢驰马舞剑，长于技击，据说他曾拜北京赫赫有名的侠客王正谊（大刀王五）为师，学习武艺。

1882年，谭继洵出任甘肃巩秦阶道，谭嗣同随父来到大西北。1884年，谭嗣同入新疆巡抚刘锦棠幕府，不久离开。此后10年间，他浪迹天涯，漫游大江南北,黄河上下,足迹遍及新疆、甘肃、陕西、河南、直隶(今河北)、湖北、江西、江苏、安徽、浙江、山东、山西等省份,观察民风土俗,目睹灾民流离、哀鸿遍野的惨象,感触甚深,慨叹"风景不殊,山河顿异,城郭犹是,人民复非",表达了对人民疾苦的同情。

甲午战争中,中国惨败于日本,订立了屈辱的条约。谭嗣同看到这个条款"竟忍以四百兆人民之身家性命一举而弃之,大为爽然自失",悲愤异常,写下了"世间无物抵春愁,合向苍冥一哭休。四万万人齐下泪,天涯何处是神州?"的诗句。在甲午战争的刺激下,他走上了维新变法的道路,这年适逢他而立之年,他自己说:"三十之年适在甲午,地球全势忽变,嗣同学术更大变","三十以后新学,洒然一变,前后判若两人"。之前,谭嗣同对西学并无多少了解,对西学采取的是盲目弹诋排斥的态度。日本师法西方自强进而打败中国的惨痛现实,使他感到"风气之所溺,非守文因旧所能挽回者",从此思想上来了个180度的大转变,一变而为主张学习西方,振兴商务,开发矿藏,发展工业,改革税制。

1895年秋,谭嗣同致信老师欧阳中鹄和友人贝元徵,阐述了他的变法主张。在信中,他从哲学上的"道""器"观上论证了进行根本性变革的合理性,指出"无其器则无其道","器既变,道安得独不变"。意思是说:有了具体的事物("器"),才会有反映该事物的规律("道"),具体的事物变了,道也要跟着变。这里,谭嗣同从哲学的根本问题,即存在和意识的关系问题上,为维新变法提供了理论根据。同时,他对反对变法的守旧士大夫进行了辛辣的讽刺和抨击,说这些士大夫坚持旧说,负固不服,不问此时为何时,所当为何事,沉溺于考据辞章,拘泥于中国人杀中国人之百战百胜,而借以自夸;见西方人,分不清其为某洲某国,概目之曰洋鬼;动辄夜郎自大,以为凭恃一时议论就能经世济民,徒以意气为志节高尚,以为将洋人尽驱于海外,闭关绝市,就能使数十年贤士大夫焦思极虑难以解决的难题旦夕可定;见有识者讨论实学,力挽危局,又不愿意看见自己相形见绌,从而大起妒忌之心,骂之以异端,诋之以邪说。至于他的变法主张,涉及广泛,政治文化方面包括开议院、改官制、兴学校、变科举;经济方面包括开矿藏、修铁路、造轮船、办工厂、开银行、改税制、讲农学等,另外,还有改军制、练乡兵等军事方面的内容和变衣冠、兴女学、修街道、造公园等社会生活方面的内容。在他看来,最关键的是变科举,他认为这是"旋乾握坤转移风会之大权,而根本之尤要者也"。但是,他却有一个十分错误的主张,就是他认为内外蒙古、新疆、西藏、青海等广大地区"毫无利于中国",建议卖地筹款,除赔偿给日本的赔款外,所余之款"可供变法之用",充作变法经费。

集中反映谭嗣同思想的是他的《仁学》一书。这部著作撰写于1896~1897年间,完成之后并未很快刊行,但是他曾把书稿给他的一些朋友看,如梁启超、唐才常、章太炎等人都曾读过《仁学》原稿。

《仁学》是谭嗣同的一部哲学著作，他在书中系统地阐述了自己的哲学观点和社会政治思想。他把世界统一在"仁"的基础上，说"仁为天地万物之源"，世界的存在和发展都是由于"仁"的作用，所以他称他的哲学为"仁学"。那么，"仁"是什么呢？他说，"仁"的核心是"通"，"仁以通为第一义"。"通"又包括什么呢？他说："通"有四层含义，即是"中外通"、"上下通"、"男女内外通"和"人我通"。所谓"中外通"，就是向西方学习，学习自然科学知识和社会政治学说（"通学"）、学习西方资产阶级的议会民主政治（"通政"）、学习西方基督教的传教方式（"通教"）和学习西方的物质技术（"通商"）；所谓"上下通"，即是要消除"君民相隔"的状况，实行君主立宪；所谓"男女内外通"，即是要求男女平等，途径之一是废止妇女缠足，二是设立女学堂，提倡女子教育；所谓"人我通"，是指"无人相，无我相"，取义佛经，实际是要求资产阶级的个性自由。可见，《仁学》以"通"为第一义，它要"通"向资本主义。

为了实现这个"通"，谭嗣同提出了一个重要的哲学概念——"以太"（ether）。"以太"本来是物理学上的一个概念，意思是"能媒"，曾一度被认为是充满于整个宇宙间的物质，可以传播光和电磁波。谭嗣同的"以太"是沟通世界整体的桥梁，是万物的本质，充满于宇宙之间，而自然界和人类社会的一切现象，从广漠无垠的太空到肉眼看不到的尘埃和微生物，从日月星辰、山河大地到人体内的细胞等等，都是从

"以太"派生出来的,并成为"以太"的一部分,世界上的一切变化,也是由"以太"决定的,而且,"以太"本身是"不生不灭"的,是永恒的。

仁学以"通"为第一要义,"以太"则是实现"通"的手段,而"通"的外在表现就是平等,用谭嗣同的话说,"通之象为平等"。谭嗣同以此为根据,猛烈抨击了君主专制制度和封建的纲常礼教,号召"冲决网罗",实行维新变法,这是谭嗣同思想中最为闪光的部分。他把历代皇帝说成是"大盗":"二千年来之政,秦政也,皆大盗也。"对于"君""民"之间的关系,他说:在人类形成之初,本来无所谓君无所谓臣,大家都是平民百姓。平民百姓各有生业,不能同时管理好各项事务,所以共同推举其中的一人为君。既然是共同推举,就不是君选择民,而是民选择君。既然是共同推举,当然是先有民而后有君,因而,君是末,民是本,而天下没有因末而累及本的道理,又岂有因君而累及民的道理?君既然是由民共同推举的,也就必定可以由民共同废掉。君是为百姓办事的,臣则是协助君为百姓办事的,赋税取之于百姓,是用来为百姓办事的。如果不能为百姓办事,那就把君换掉,这也是"天下之通义"。从这种认识出发,谭嗣同极力反对"忠君",认为"止有死事(为事业而死)的道理,没有死君(为君主个人而死)的道理",甚至说对于昏君暴君可以"人人得而戮之,初无所谓叛逆也"。这里,谭嗣同对"君""民"关系的认识,与法国著名的资产阶级启蒙思想家卢梭在《社会契约论》(初译《民约论》)

中阐述的观点如出一辙,很可能是受了卢梭思想的影响。他们对君主制产生的原因的解释和对"君""民"关系的认识有一定的片面性,但是这种片面性的认识却论证了君主专制制度的不合理性,目的在于否定"君权神授"的谬论,宣扬"民本君末"的民权学说。

此外,谭嗣同还对封建的纲常名教进行了鞭挞,如他激烈谴责纲常名教对妇女的压迫和摧残,认为重男轻女、女子缠足和男子可以妻妾成群,而"女一淫则罪至死"是"至暴乱无礼之法",溺女杀婴更是"蜂蚁豺虎之所不为"的兽行。

谭嗣同自认为《仁学》是"冲决网罗之学"。他认为当时的世界"网罗重重",因而号召"冲决网罗":"冲决利禄之网罗","冲决俗学若考据、若词章之网罗","冲决君主之网罗","冲决伦常之网罗",也就是要冲决一切传统的网罗,建立一个全新的美好的社会。这种"冲决网罗"的精神和胆气是康有为、梁启超等人所不及的。

谭嗣同还有一点是康、梁诸人所不具备的,这就是他对农民运动表示了一定程度的同情。他在谈到太平天国运动时说,洪秀全、杨秀清等人是迫于官府的压迫才铤而走险的,是官逼民反,他认为这实在是值得同情的,并对镇压太平天国的元凶曾国藩及其湘军表示愤恨。大家知道,太平天国是清王朝的死敌,清政府用了十几年的时间、花费了大量的人力物力财力才将其镇压下去,谭嗣同却对它表示同情;镇压太平天国的曾国藩、左宗棠、李鸿章被清政府看作"中兴柱石"，而且当时李鸿章等不少湘淮军将领还活在世上，谭嗣同却敢于对他们进行非议，其胆识的确是非凡的。他的这种思想表现在行动上，就是他比较接近下层群众，特别是秘密会党。为了了解在理教，他甚至亲自加入教中，他与哥老会中的不少人也有联系，这与康有为、梁启超等人的轻视人民群众、从不与下层群众发生联系有着显著的不同。

《仁学》一书，虽然内容驳杂，但是其中对君主专制制度和纲常名教的抨击、对建立一个以西方资本主义国家为模式的新社会的向往，表明谭嗣同具有明确的资产阶级维新思想，而其议论横生，言词激烈，为同时代的其他维新派人物所不及，正像梁启超所指出的："其思想为吾人所不能达，其言论为吾人所不敢言。"特别是他"冲决网罗"的呼喊，如沉沉黑夜里的闪电，耀人眼目，动人心魄，也使他成为当时鼓吹思想解放的旗手之一。正因如此，谭嗣同被一些史学家看做是维新变法的激进分子，是从戊戌变法到20世纪初资产阶级知识分子由改良派向革命派转化过程中的典型代表。

谭嗣同不仅著书立说，阐述他的维新变法主张，更以极大的热情积极投身于维新变法的宣传活动之中，积极参与了湖南的维新活动。

4 以"天演"警醒国人的严复

严复（1853~1921），初名体乾、传初，曾改名宗光，字又陵，又字几道，晚号瘉壄老人，福建侯官人，是近代著名的资产阶级启蒙思想家。

严复少年时代,正值洋务运动初期。1866年,闽浙总督左宗棠在福州创立福州船政局,局中附设求是堂艺局,又叫福州船政学堂,招收16岁以下聪颖少年。这是中国近代第一所海军学校。学堂分前、后两部分,前学堂学造船,后学堂学驾驶,教学体制取法于英、法两国海军学校。在当时,科举考试才是"正途",这种不能提供升官发财机会的学堂为一般读书子弟所不取。为了吸引人来投考,学堂规定:凡录取的学生,伙食费全免,另外还每月给银4两,贴补家庭费用;三个月考试一次,成绩一等的,赏银10元;5年毕业后,不仅可以得到一份差使,还可以给薪水。这样的条件,对家境贫寒的严复来说,具有很大的诱惑力。于是,这年冬天,14岁的严复以第一名的优异成绩考入了福州船政学堂,被分到后学堂学习轮船驾驶。

5年后,严复以最优等的成绩毕业,随后上舰实习,到过新加坡、槟榔屿及日本等地。1877年,作为福州船政学堂首批派赴欧洲的留学生之一,严复赴英国留学,入皇家格林尼茨海军学院(The Royal Navy College, Greenwich)。留学期间,除学习专业课程外,严复还深入了解英国社会,考察英国的政情民俗,研读资产阶级哲学和社会学说,并多有心得,颇具见地,成为一个具有资产阶级思想的知识分子。清政府首任驻英公使、早期维新思想家郭嵩焘对严复极为赏识,把严复当作自己的忘年之交,常邀严复到公使馆,与之"论析中西学术异同,穷日夕勿休",并写信给友人说:"出使兹邦,惟严君能胜其任。如某者(自称)不识西文,不知世界大势,何足以当此。"对严复给予很高的评价。

1879年6月,严复学成回国,先后担任福州船政学堂教习、北洋水师学堂总教习(教务长)、会办(副校长)、总办(校长)。随着置身于洋务运动之中和在清政府官僚集团中地位的上升,深受西方文化耳濡目染的严复越来越认识到清政府的腐败和洋务运动的局限性。甲午战争更使严复深受刺激,在深重的民族危机面前,他和其他维新志士一样感到了在中国实行变法维新的必要性和紧迫性,因而,他积极投身到维新变法的宣传活动中,为维新变法摇旗呐喊。

严复的宣传活动,首先是1895年在天津《直报》上发表了5篇重要的政论文章,它们是:《论世变之亟》、《原强》、《辟韩》和《原强续篇》、《救亡决论》。在《论世变之亟》中,严复指出,历史的发展是不以人的意志为转移的,用他的话说就是:"运会既成,虽圣人无所为力。"他认为,资本主义列强对中国的侵略是中国两千年历史上的旷世巨变,在这个"世变"面前,中国应当实行改革,自强救国。他批评那些"不睹西洋富强之效"的守旧士大夫是"无目者也",那些说"不讲富强而中国可以自安"、"不用西洋之术而富强可以自致"、"用西洋之术无俟于通达时务之真人才"的人都是"狂易失心之人",对顽固守旧分子予以猛烈的抨击。

在《原强》一文中,严复全面阐述了他的救国理论。首先,他根据英国资产阶级学者斯宾塞的社会学说,认为一个国家的强弱存亡,决定于该国国民在力、智、德三方面的高下,用他的话说就是"血气体力之强"、"聪明智虑之强"和"德行仁义之强"。斯宾塞是庸俗进化论者,达尔文的进化论创立后,他把达尔文在生物科学中发现的进化论原理,推之于万事万物,特别是应用于人类社会之中,形成社会达尔文主义,宣传人类社会弱肉强食的原则。严复吸收了达尔文的进化论,也吸收了斯宾塞的庸俗进化论。从道义的立场来看,庸俗进化论无疑是一种十分反动的理论,是为资本主义列强侵略、吞并落后国家和民族服务的理论。19世纪的中国面对的正是一个弱肉强食的世界,资本主义列强已经把许多国家变成了自己的殖民地,严复接受这种学说时所面临的正是这种客观现实。但是严复接受这种学说,与斯宾塞的用意却正相反。首先,严复接受这种学说是出于对自己祖国命运的深深忧虑,他把这种学说介绍到中国来,向国人指出祖国面临的险恶处境,加深对祖国危险前途的认识,有助于维新变法活动的开展。其次,在《原强》中,严复用力、智、德三个标准考察了当时中国的实际状况,揭露了清王朝的腐败:论力,力弱;论智,智低;论德,德衰。军队中"将不素学,士不素练,器不素储",一旦面临强敌,则"曳兵而走,转以奉敌"。政府的官吏,"人各顾私",对于时事大势"懵未有知",其中的败类甚至乘乱取利。他认为,中国若长此以往,则"岁月悠悠,四邻眈眈,恐未及有为,已先作印度、波兰之续"。最后,严复在这篇文章中提出了使中国由贫弱转为富强的根本办法,这也是这篇文章的中心思想,即"鼓民力"、"开民智"、"新民德"。从具体内容看,"鼓民力"主要是禁止鸦片和禁止缠足;"开民智"最主要的是废除八股,提倡西学;"新民德"则是于京师设立议院,各级官吏由选举产生。总而言之,是用西方资产阶级的民主、自由、平等观念来代替中国封建的宗法制度和道德观念,以在弱肉强食的世界里求生存。

《救亡决论》和《辟韩》可以看做是《原强》一文的补充。《救亡决论》集中阐述了他的"开民智"思想,更加痛快淋漓地指斥了中学和八股取士的危害性,论述了提倡西学的必要性,提出变法最急切的是要废除八股取士的办法。《辟韩》一文则专就"新民德"方面予以补充发挥。所谓"辟韩",就是批驳唐代著名的政治家、文学家韩愈在其《原道》一文中反映的尊君专制思想。韩愈文中有这样一段话:"君者,出令者也;臣者,行君之令而致之民者也;民者,出粟米麻丝,作器皿,通财货,以事其上者也。君不出令,则失其所以为君;臣不行君之令而致之民,则失其所以为臣;民不出粟米麻丝,作器皿,通财货,以事其上,则诛。"意思是说,"君"是专门下命令的,"臣"是专门负责把"君"的命令传达给"民"的,而"民"的义务是奉养统治者。严复认为韩愈的这一理论是极端错误的,他是只"知有一人(君),而不知有亿兆(民)"。严复指斥历代的国君都是"窃国大盗"。

在抨击了中国两千多年君主专制制度的基础上，严复提出了他的资产阶级民权思想。他说，国君还是需要的，但不是要他来高高在上统治人民，而是要他来保卫人民，因为人民各有其生业，不能同时自己管理、保卫自己，于是才需要有个国君，而这个国君是由人民公举出来的。严复曾留学欧洲，他的这种观点显然来源于卢梭的社会契约论，在当时无疑具有巨大的进步作用和启蒙意义。在1895年维新变法运动初揭帷幕之际，《辟韩》是当时中国抨击专制、提倡民主的最有力的一篇论文，一年多以后，梁启超在上海主持《时务报》时，还将该文予以转载。

在同时代的资产阶级维新派人物中，严复是独具特色的一个，他的特色就在于他接受过正规的西学教育。其他维新派思想家，如康有为、梁启超、谭嗣同之辈，自幼受的全部是封建教育，在百日维新以前，他们都没有到过西方，没有亲眼目睹过西方资本主义国家的政情民风，而且，他们都不懂外文，不能直接阅读关于资产阶级社会政治的著作。他们的西学知识，大多来源于西方传教士的译著和江南制造总局翻译的有关西学的著作；他们看到的只是香港、上海某些带有西方色彩的事物，因而他们的西学知识是零碎的、不完整的；他们对西方的认识是肤浅的、片面的。用梁启超的话说，他们生活在"学问饥饿"的环境中。他们的维新理论是把他们所接受的中学中的某些思想和不完整的西学知识加以糅合、改造而形成的，因而往往有牵强附会之处，一定程度上降低了说服力，容易招致守旧势力的反击。这一点,连梁启超也不得不承认。严复与康、梁等人不同,他受的教育和经历使他对西方国家的了解之深、对西学的造诣之高,远非康、梁等人所能望其项背。这种得天独厚的条件,使得严复的文章理智多于义气,他的宣传也就更具有说服力。

作为近代著名的资产阶级启蒙思想家,严复最大的贡献在于通过翻译西方资产阶级政治学说中有代表性的著作,比较系统地向国人介绍了西方的资产阶级社会理论。他的第一部译著,也是影响最大的一部,是在甲午战争刺激下翻译的赫胥黎的《天演论》(Thomas H. Huxley, *Evolution and Ethics*,直译为"进化论与伦理学",严复翻译了其中的前两篇)。

赫胥黎是英国著名的生物学家,《天演论》原书出版于1894年,出版后立即引起了严复的注意,很快把它翻译了出来,接着就有人将他的译稿传抄印行,1897年严复创办《国闻报》后,又曾在该报连载(未完),1898年4月正式出版。严复之所以选择翻译《天演论》,是因为它讲的是进化论。但是他翻译时并不只是忠实地翻译原文,还在里面加了许多案语,加进了不少斯宾塞的观点和他自己的见解,他的案语往往比原文还要长。

在《天演论》里,严复要宣扬的中心思想是"物竞天择,适者生存"。所谓"物竞",就是"生存竞争","物争自存";所谓"天择",就是"自然淘汰","以一物与物物争,或存或亡,而其效则归于天择"。这样,"一争一择,而变化之事出矣"。赫胥黎的原意,在于阐述生物界"物竞天择,适者生存"的原理,而严复却按照斯宾塞的观点,把这一原理推广应用于人类社会,认为这一原理对人类社会也是适用的。严复的目的,在于借用进化论警醒国人,阐明中国应该顺应"天演"的规律,实行变法,学习西方,因为只有这样才能使中国由弱变强,才能免于被列强瓜分的惨祸而保持民族独立,才能在这个激烈竞争的世界上生存下来,否则的话,就会亡国灭种,被"天演"所淘汰。

《天演论》译出后,在知识分子中间产生了广泛而深远的影响。梁启超是最早读到《天演论》译稿的人之一,一读之下,钦仰备至。《天演论》还没有出版,他就加以宣传,并据以写作宣传维新变法的文章了。康有为看到《天演论》译稿后,也惊叹"眼中未见此等人",推严复所译《天演论》"为中国西学第一者也"。甚至连名重一时的桐城派大家吴汝纶也对严复和他译的《天演论》击节叹赏,给严复写信说:"得惠书并大著《天演论》,虽刘先主(刘备)之得荆州,不足为喻,比经手录副本,秘之枕中。盖自中土翻译西书以来,无此宏制,匪直天演之学在中国为初凿鸿蒙,亦缘自来译手无此高文雄笔也。"《天演论》正式出版时,吴汝纶又特为之作序,称"自吾国之译西书,未有能及严子者也"。

严复译的《天演论》在社会上也产生了广泛深远的影响。不少小学教师拿《天演论》作教材,中学教师也往往拿"物竞天择,适者生存"当作文题目。青年学子们更是不顾守旧长辈们的反对,醉心于阅读

《天演论》。鲁迅后来回忆他在南京上学时初读《天演论》时的情景说:"星期日跑到城南去,买了白纸石印的一厚本",不仅觉得书中有"写得很好的文字",并且"一口气读下去,'物竞天择'也出来了,苏格拉第、柏拉图也出来了",所以,尽管一位本家的老前辈严肃地反对,他"仍然自己不觉得有什么不对,一有空闲,就照例地吃侉饼、花生米、辣椒,看《天演论》"。胡适也在多年以后回忆道:"《天演论》出版之后,不上几年,便风行到全国,竟做了中学生的读物了。读这书的人很少能了解赫胥黎在科学史和思想史上的贡献。他们能了解的只是那'优胜劣败'的公式在国际政治上的意义。在中国屡战屡败之后,在庚子、辛丑大耻辱之后,这个'优胜劣败'的公式确是一种当头棒喝,给了无数人一种绝大的刺激。几年之中,这种思想像野火一样,延烧着多少年轻人的心和血。'天演'、'物竞'、'淘汰'、'天择'等等术语都渐渐成了报纸文章的熟话,渐渐成了一班爱国志士的'口头禅'。还有许多人爱用这种名词做自己或儿女的名字。陈炯明(曾拥护过孙中山后来又反对孙中山的广东军事领导人——引者)不是号竞存吗?我有两个同学,一个叫做孙竞存,一个叫做梅天择。我自己的名字也是这种风气底下的纪念品。"由此可见,严复翻译的《天演论》具有何等广泛深远的影响,对于解放人们的思想起了何等大的作用。

严复译的《天演论》之所以会有如此广泛而深远的影响,最重要的原因,在于严峻的民族危机和深重的民族灾难使人们普遍感到祖国前途堪忧,每一个有爱国心的中国人都在扪心自问:中国究竟应当怎么办?《天演论》向人们发出了警告:如果依旧因循守旧,不思变革,中国在这个激烈的生存竞争中就将无以自存;如果奋发图强,"与天争胜",中国就可以度过危机,柳暗花明,国家就可以永存,种族就可以延续。生死存亡,在此一举,其权操之在我。这种思想不仅警醒了迷惘的国人,而且为维新变法提供了一种全新的更有说服力的理论武器。因此,在当时的形势下,《天演论》得到广泛传播和信仰就是很自然的了。

这里还要提一下的是,严复不仅是近代著名的资产阶级启蒙思想家,在近代翻译史上他也占有极其重要的地位。奠定他在翻译史上的地位的,除了他众多的译著外,主要的是他提出了影响深远的翻译的标准,即"信"、"达"、"雅"三字标准。"信"就是忠实于原文,这是翻译的基本要求;"达"就是译文要通顺,符合所要译成的语言的特点,语法正确,选词恰当;"雅"就是文雅,指译文要有文采。这三字标准是严复通过艰苦的翻译实践提炼出来的,是他辛勤劳动和智慧的结晶。尽管后来又有不少翻译家对翻译的标准进行过讨论,但是都没有超出严复提出的翻译标准的范围。时至今日,这三字标准仍被翻译工作者奉为圭臬。作为译文的最高境界,要完全达到这个标准是难乎其难的。至于严复本人,他是比较偏重于"雅"的。我们已经知道,严复从小入福州船政学堂,后又去英国留学,在传统的"中学"方面没有受过严格正规的教育,这在当时就使他很难跻身于所谓士大夫阶层。为了能够跻身于士大夫阶层,取得令人承认的社会地位,严复回国后在"中学"方面痛下过一番工夫,"中学"素养大大提高,能够写一手好文章。在翻译上,严复也特别注重遣词造句,这样,他的"雅"有时就成了脱离原文而片面追求译文本身的文雅。他甚至认为译文只有采用"汉以前字法句法"才能登大雅之堂。因而在翻译实践中,他是"与其伤雅,毋宁失真",译文往往就成了改编。严复追求雅的结果,是使他的译文文采斐然,读起来朗朗上口,铿锵有力,所以他的译著能够风行传播,这也是一个重要的原因。

在维新变法宣传活动中,严复还有一项重要的贡献,就是在天津创办了《国闻报》。《国闻报》创刊于1897年11月,属日报,除登载国内外时事外,还经常发表社论,讥评时政,臧否封建文化,主张"通上下之情"——实行民主政治、"通中外之情"——学习西方。《国闻报》与梁启超主持的上海《时务报》南北呼应,在维新变法的宣传中发挥了积极作用。

5 三湘大地风雷激荡

在一浪高过一浪的维新变法活动中,除首都北京外,地方上要数湖南最富有生气了。由于这里聚集了谭嗣同、唐才常等一批湖南籍维新志士,还吸引了梁启超等康门弟子进入湖南,并且得到巡抚陈宝箴、署按察使黄遵宪、学政江标和徐仁铸等省中大员的支持,湖南新政迭出，维新活动开展得有声有色，气势壮观。与此同时，湖南的顽固守旧势力也异常猖獗，新旧两派势力之间的斗争也就异乎寻常的激烈。

湖南维新运动的主要内容有办学堂、立学会和出报刊等，其中时务学堂是湖南维新运动的重要特色。

时务学堂是在湖南维新派人士策动下，由湖南巡抚陈宝箴出面主持建立的。陈宝箴是江西义宁（今修水）人，1895年出任湖南巡抚，痛感于国家的危难，毅然以湖南的开化为己任，锐意整顿，是当时地方督抚中唯一真心实意支持维新变法的人物。1897年9月，陈宝箴在发布的《时务学堂招考示》中说："国家之强弱系乎人才，人才之消长存乎学校"，决定建立时务学堂，"延聘中西学教习，择期开学"。接着，陈宝箴任命熊希龄（湖南凤凰人，参与维新活动，时为翰林院编修，戊戌政变后被革职，后曾担任过袁世凯北洋军阀政府的国务总理兼财政总长、世界红十字会中华总会会长等职，1937年去世）为提调（校长），主持校务。在新任署按察使黄遵宪等人极力推荐下，陈宝箴决定邀请梁启超为中学总教习，同时以李维格为西学总教习。黄遵宪、熊希龄等于是接连致函梁启超邀其入湘。这样，在时务学堂开办不久，梁启超便来到湖南，与他同来湖南的还有康门弟子欧榘甲、韩文举、叶觉迈等，担任中学分教习。

梁启超抵湘后，以当年康有为万木草堂的教学原则为蓝本，制定了《湖南时务学堂学约》十章。学堂功课分两种：一为普通学，包括经学、诸子学、公理学和中外史志及格致算学入门；二为专门学，包括公法学、掌故学和格算学。学生入学后，首先必须要反复钻研《春秋公羊传》和《孟子》中的微言大义和民权思想，然后择取中外政治法律比较参证，明了维新变法的旨意。梁启超大力宣传康有为的"孔子改制"理论、大同思想和民权思想，还撰写了《春秋界说》，认为"《春秋》为孔子改定制度以教万世之书"，又撰《孟子界说》，提出"孟子于《春秋》之中，其所传为大同之义"，"保民为孟子经世宗旨"。这样，时务学堂成为梁启超宣传维新变法思想的又一阵地。

时务学堂还沿袭当年康有为万木草堂的功课簿制度，学生按日作札记，将读书的心得体会记录下来，然后交由教习批改。梁启超等人在批语中更是以极大的热情对学生表现出来的民权思想予以鼓励，并加以发挥点拨。兹举数例如下，以见一斑。

> 《春秋》大同之学，无不言民权者，盍取六经中所言民权者编集成书，亦大观也。（梁启超批语）

这是在阐发《春秋》的"微言大义"，宣传大同学说和民权思想。

> 臣也者，与君同办民事者也，如开一铺子，君则其铺之总管，臣则其铺之掌柜等也，有何不可以去国之义。（梁启超批语）

这是在说明"君"、"臣"、"民"三者的关系，把"九五之尊"的"君"和"位极人臣"的"臣"分别比作商店的总管和掌柜，在那个时代可谓是"悖妄已极"。

>屠城、屠邑皆后世民贼之所为，读《扬州十日记》尤令人发指眦裂。故知此杀戮世界非急以公法维之，人类或几乎息矣。（梁启超批语）
>
>公法欲取人之国，亦必其民心大顺，然后其国可为我有也，故能兴民权者，断无可亡之理。（梁启超批语）

这是在宣扬公法、民权，并以此批判清初对汉族人民实行的野蛮杀戮政策。

>美国总统有违例，下议院告之上议院，上议院得以审问，例能夺其权而褫其职。英国虽君臣共主之国，其议院亦曾废君。可见舜亦由公举，非尧私授也。（韩文举批语）

这更是张扬西方资产阶级的议会制度，否定世袭的家天下的君主专制制度。

正是这些批语，连同他们的讲授，发前人所未发，灌输给青年学生们以全新的思想，使时务学堂在不长的时间内，培养出了一批具有新思想的青年，如林圭、秦力山、蔡锷等。林圭后来成了唐才常自立军起义的骨干分子。秦力山不仅参加了自立军起义,还参加了孙中山为首的资产阶级革命派的反清宣传活动。蔡锷不仅参加了推翻清王朝的辛亥革命,而且在1915年和他的老师梁启超密商定计,发动了反对袁世凯称帝的护国战争。

在设立学会方面,湖南维新人士设立的最重要也最有影响的学会是南学会。该会筹议于1897年冬,1898年2月正式成立,由谭嗣同、唐才常等发起,得到了陈宝箴的大力支持。

南学会筹议创立之时,正值德国强占胶州湾、拉开瓜分中国狂潮帷幕之际,谭嗣同等创立南学会,目的在从湖南做起,广联广东、广西维新志士,"联通群力,发愤自强"。《南学会大概章程》规定,由湖南巡抚选派本地绅士10人为总会长,再由这10人各举所知,推荐会友,每个府、县都有3~10人,均为"好义爱国之人"。会友分为三种:一种叫"议事会友",由南学会的创办人谭嗣同、唐才常、熊希龄等充任,负责讨论决定会中事务章程;一种叫"讲论会友",推举学识渊博、擅长言词的人充任,定期举行讲演,并随时回答听众提出的问题,由当时著名的经学大师皮锡瑞主讲学术,黄遵宪主讲政教,谭嗣同主讲天文,邹代钧主讲舆地(地理);一种叫"通讯会友",通过信函的方式与南学会建立联系,南学会则负责回信解疑答难。南学会志在使"官绅士商,俱作会友",以"通上下之气,去壅阂之习"。

南学会的主要活动是举办讲座。第一次开讲时,陈宝箴亲率僚属前往听讲,以示倡导。他亲自登台,作了题为《论为学必先立志》的讲演,指出"为学必先立志天下事",号召各位要有远大抱负,索求"振国匡时济世安人之要道"。在讲演中,谭嗣同、黄遵宪等人围绕着中外形势、政治原理、中外学术等问题,发挥救亡图存、维新变法的主张。他们讲演的题目,有《论中国情形危急》(谭嗣同)、《论政体公私人必自任其事》(黄遵宪)、《论保种保教均必先开民智》(皮锡瑞)、《论变法为天地之气运使然》(皮锡瑞)等,他们讲演的内容由此可以推见。

在讲座中,主讲人还负责回答听众提出的各种问题,并设立藏书处供人阅读"古今中外有用之书",因而听众踊跃,每次来听讲的人都多达千余人,往往是主讲之"人尚未来而坐已满矣"。南学会的火爆气氛在湖南全省引起了广泛的反响,其突出表现就是湖南各地纷纷设立学会,诸如湖南不缠足会、学战会、公法学会、群萌学会、致用学会,一时学会林立,蔚为壮观。还有不少地方自行设立了南学分会,更有人主张以长沙南学会为总会,在各府州县设立分会,南学会的影响于此可见一斑。

在办报方面,湖南维新志士们先后创办了《湘学报》和《湘报》。

《湘学报》开始叫《湘学新报》,旬刊,由江标发起,唐才常、蔡钟濬等编辑,1897年4月22日创刊。《湘学报》的办报宗旨是"讲求中西有用诸学,争自濯磨,以明教养,以图富强,以存遗种,以维宙合"。内容注重实学,分史学、掌故、舆地、算学、商学、交涉6门,传播西方自然科学知识,介绍西方国家的社会经济文化情况。在时务学堂开学、南学会正式开讲后,《湘学报》也大力宣扬孔子改制学说,宣扬民权学说,这引起湖广总督张之洞的不满。于是该报督办意存妥协,连载张之洞的《劝学篇》,《湘学报》遂失去了它的锋芒,到1898年8月停刊。

《湘报》为日报,由唐才常主编,1898年3月7日创刊,是为了弥补《时务报》、《湘学报》等旬刊的不足而创办的。陈宝箴为之厘定章程,指出《湘报》应与时务学堂、南学会"联为一气","专以开风气、拓见闻为主"。除论说(社论)外,《湘报》还登载疆臣奏疏和清廷电旨、本省和外省的各项新政措施以及各国时事等。《湘报》的撰稿人,包括梁启超、谭嗣同、唐才常等一批维新人士。《湘报》创办初期,唐才常、谭嗣同等讥评时政,对清政府的腐败多有指责,宣传"爱国之理"、"救亡之法",对西方资产阶级的政治改革、社会学说多有介绍。3月29日第20号上刊登了易鼐的《中国宜以弱为强说》,主张"西法与中法相参"、"民权与君权两重"、"中教与西教并行"、"黄人与白人互婚"以及"听民兴利除害"等,措词很激烈。张之洞阅后大为震怒,立即致电陈宝箴、黄遵宪,斥责易鼐的文章"十分悖谬",指示陈、黄"设法更正"。自此,《湘报》锋芒渐衰,到戊戌政变发生后,被迫停刊。

以上是湖南维新活动的大概情况。时务学堂、南学会和《湘报》互相激荡，使湖南的维新活动蓬蓬勃勃，一派生机，维新变法思想犹如一股春风吹遍三湘大地，给人们带来了清新的气息，催人奋进，正如梁启超所说："自时务学堂、南学会既开后，湖南民智骤开，士气大昌，各县州府私立学校纷纷并起，学会尤盛。人人皆能言政治之公理，以爱国相砥砺，以救亡为己任，其英俊沉毅之才，遍地皆是。"

正因为湖南的维新活动开展得如火如荼，所以它也就遭到了当地守旧势力的切齿痛恨和猛烈攻击。

湖南守旧势力的代表人物是曾任国子监祭酒（国子监为掌管国学政令的机关，其长官称祭酒）的岳麓书院院长王先谦和乡绅叶德辉。从本质上说，王先谦并不是像倭仁、刚毅之流那样的死硬的守旧分子。他在一定程度上是赞成学习西方的，比如他赞成讲究译学、开通风气，赞成建立新式海军、兴办工厂等；他也曾与陈宝箴合作，在湖南创办和丰火柴公司和宝善成公司，就是时务学堂的创办，也是首先出于他的建议。但是，他的开明思想也只是到此为止，梁启超、谭嗣同们大肆宣讲的孔子改制学说和民权学说则远非他所能接受。因此，湖南维新活动的蓬勃开展使他恼羞成怒，于是，他纠集叶德辉等湖南守旧分子，披挂上阵，对维新派予以猛烈攻击。先是，王先谦看到时务学堂的教习议论新奇，已经是愤愤不平，适值叶德辉又拿着教习们的批语去告状，他读后认为批语"悖逆连篇累牍"，断定维新派"志在谋逆"。接着，岳麓书院学生宾凤阳又上书王先谦，说梁启超等宣扬民权、平等，是"率天下而乱"，其影响所及，不止省城，请求王先谦函告陈宝箴，务必将梁启超撵走。于是，王先谦纠集叶德辉等于1898年6月上书陈宝箴，说什么梁启超、韩文举、叶觉迈等人"自命西学通人，实皆康门谬种"，而本省的谭嗣同、唐才常、樊锥、易鼐等人则"为之乘风扬波，肆其簧鼓"，又说学生们思想尚未定型，"胸无主宰，不知其阴行邪说，反以时务为然，丧其本真，争相趋附，语言悖乱，有如中狂"，王、叶等人要陈宝箴"严加整顿，屏退主张异学之人"。叶德辉更撰文对孔子改制学说和民权学说进行攻击，说什么"中国自古为君主之国，其权不可下移"，并咒骂今文经学是"野说"，康有为是"乱民"，梁启超是"诐士"。王先谦、叶德辉等又煽惑岳麓、城南、求忠三个书院的守旧学生，制定《湘省公约》，要青年学子们"正心术"，"尊圣教"，"辟异端"，"端士习"，以阻止更多的青年接受康有为、梁启超等维新派的影响。在守旧势力的疯狂进攻下，时务学堂的主持人被迫辞退了梁启超、韩文举、叶觉迈等人，时务学堂的辉煌亦随之而去。

守旧分子也没有放过南学会和《湘报》。谭嗣同在南学会介绍过地圆说，皮锡瑞的儿子皮嘉祐作《醒世歌》予以宣传，歌词说："若把地球来参详，中国并不在中央，地球本是浑圆物，谁是中央谁四旁？"叶德辉听到《醒世歌》后给皮锡瑞写信大加责难，更因为皮锡瑞是南学会的主讲人之一，守旧分子们斥责皮氏父子是"邪说煽惑"，将他们赶出了湖南。南学会邵阳分会会长樊锥倡导资产阶级民权平等学说，主张立宪，提出"天下之理，天下公之；天下之事，天下公之"，要求"人人平等，权权平等"，一切用人行政，交由议院决定。邵阳守旧士绅叶德辉等勾结地方官吏，给樊锥扣上"首倡邪说，背叛圣教，败灭伦常，惑世诬民"的罪名，也将樊锥排挤出湘湖。守旧分子们还纠集人哄闹南学会，殴打《湘报》馆主笔。王先谦、叶德辉还唆使京官中湖南籍的守旧分子对《湘报》诸人"据情揭参"，要求清政府给予处分。

在守旧势力的竭力对抗下，湖南的维新活动遭到了很大破坏。但是，维新变法的种子已经在三湘大地上生根发芽，并以不可遏止的势头迅速成长了起来，正如梁启超所说："自此以往，虽守旧者日事遏抑，然而野火烧不尽，春风吹又生，湖南之士之志，不可夺也。"

6 洋人的鼓噪

外国人士在中国鼓吹变法，始于19世纪60年代。1865年11月6日，中国海关总税务司英国人赫德（Robert Hart）向清政府呈递《局外旁观论》，以"旁观"者的身份向清政府提出改革建议，可算是外国人在中国鼓吹变法的嚆矢。次年3月5日，英国驻华使馆参赞威妥玛（Francis Thomas Wade）在英国驻华公使阿礼国（Rutherford Alcock）授意下，向清政府呈递《新议略论》。赫德与威妥玛二人均对清政府的内政提出批评，涉及吏治、军队、科举考试等方面，建议清政府对内进行改革，兴办新政，如修筑铁路、开采矿产、编练新式海陆军等；对外遵守不平等条约，保护列强在华利益，并对清政府进行恫吓，却又申明列强对中国并未包藏祸心，说什么他们所提各项建议"不惟于中国无损，实于中国更有大益"。

赫德与威妥玛的意见，可以说代表英国官方的态度，自然引起了清政府的注意。清政府虽然也看出其中有挟制恫吓之意，但同时也认为他们的建议"于中外情形深有关系"，"不无谠言微中"，下令有关督抚讨论，对推进洋务运动起了一定的作用。

鼓吹变法持久且影响广泛的是英美传教士。美国监理会传教士林乐知（Young John Allen）1868年在上海创办《教会新闻》，1874年改名为《万国公报》，初时主要登载有关宗教的内容，兼及自然科学知识和中外新闻，以后介绍自然科学知识和鼓吹变法的内容逐渐增多。1875年，林乐知在该报发表《中西关系论略》一文，批评中国人的守旧思想，说"外国视古昔如孩提，视今时如成人，中国以古初为无加，以今时为不及"，这是中国落后衰弱、西方先进富强的原因所在。他建议中国实行变革，改革兵制，修筑铁路，架设电线，制造船炮，广通商，善理财，而根本的问题是加强教育。此文发表后，在中国社会上引起了不小的反响，不少读者写信给《万国公报》，阐述自己的看法。接着，《万国公报》又登载了赫德的《局外旁观论》和威妥玛的《新议略论》。从此，批评中国时政和提出改革建议成为该报的重要特色，在社会上的影响也越来越大，康有为创办的第一份维新报纸取名《万国公报》，就是为了借助其影响。

1887年，英国传教士韦廉臣（Alexander Williamson）在上海发起成立同文书会（1892年改名广学会），以赫德为董事长，韦廉臣为总干事，主要成员有林乐知、丁韪良（W. A. P. Martin，美国长老会教士，长期担任同文馆总教习）、李佳白（美国教士）、艾约瑟（Joseph Edkins，英国教士）、慕维廉（William Muirhead，英国教士）等。该会以"广西国之学于中国"相标榜，主要业务为用汉文撰译出版西方宗教书籍和政治书籍，是清末主要的翻译出版机构之一。李提摩太接任总干事后，拟定了包括出版、征文、演说等内容的工作计划，会务发展更为迅速，尤以出版方面成绩最大。此外，广学会还于1889年复刊已于1883年停刊的《万国公报》作为自己的机关报。通过出版书籍和发行报刊，广学会大量介绍西方思想文化、政治制度、科技知识、历史、教育、法律等，鼓吹变法改良，因而，产生了广泛的影响，尤其是1894年以后，广学会出版的书籍和《万国公报》登载的文章中有关时政和鼓吹变法的文章都大大增加，对方兴未艾的维新变法运动，起到了推波助澜的作用。如广学会出版由李提摩太翻译的英国人麦恳西著的《泰西新史揽要》（Robert Mackenzie, *History of the Nineteenth Century*，介绍19世纪欧美各国资本主义发展的历史）风行一时，被多次翻印，光是1894年四川一省就翻印

19次，广学会的影响由此可见一斑。

在编辑撰译书报的同时，一些英美传教士还频频与清政府大臣接触，兜售他们的变法主张和改革建议。例如，1895年初，正当中国战败于日本之际，李提摩太三次到南京面见张之洞，劝说清政府迅速与日本言和，在科举考试中增加西学内容，广筑铁路，创立邮政局，遍兴各种新工艺并与绅商合办，从中央到地方各级政府各聘一声望素著的西方人士为顾问，甚至提出中国授全权于某外国（实即英国），在一定期限内代理中国的内政外交。此一建议意变中国为英国的保护国，从而进一步攫夺在华利益。故此建议张之洞并未采纳，而李提摩太本人亦受到张之洞的冷遇。李提摩太又先后拜访李鸿章、张荫桓、孙家鼐、翁同龢等大臣，宣扬他的计划。李佳白也积极活动，除拜访翁同龢、恭亲王奕䜣等"当轴巨公"外，还刻意与翰、詹、科、道等京官交游，宣传他的主张。此外，他还将自己的建议写成《上中朝政府书》、《探本穷源论》等文章进呈总理衙门，并不时将他发表的文章和广学会出版的书籍分送清政府官员。

英美传教士的宣传对维新分子的思想影响不可估计。在维新思想形成时期，康有为、梁启超、谭嗣同等都或多或少受到传教士宣传的影响，如谭嗣同在《报贝元徵书》中专门转述李提摩太关于中国失地、失人、失财的看法，说：西北边地，为俄国陆续侵占者"可方六千（英）里"，是为失地；中国50年前人口已达"四百二十兆口"，如果"以西法养民之政计之"，每年人口可以净增1%，而中国人口却没有这样增加，是为失人；如果用西法理财，5口之家每年"可共生利一铤"，可是中国却"日贫一日"，是为失财。而对于失人、失财，中国"知之者千无一人"，甚或"知之者竟无其人"，"中国尚得谓之有士乎"？谭嗣同"深有痛于此，常耿耿不能下脐"，这是他走上维新变法道路的原因之一。再如，梁启超的西学知识很大程度上来源于广学会的出版物。他在《西学书目表》中选录了广学会出版的书刊22种，认为其中最好的是《泰西新史揽要》和《万国公报》，此外，还有林乐知的《中东战纪本末》、《天下五洲各大国志要》，李提摩太的《列国变通兴盛记》、《西国学校》，花之安（德国教士）的《自西徂东》以及《文学兴国策》、《七国新学备要》、《治国要务》、《新政策》等。至于康有为，他受广学会书报的影响程度，限于史料，很难断定，但是，自从李提摩太加入强学会两人结识后，即往来较密切。1898年夏，康有为致函李提摩太商请变法计划，又将《泰西新史揽要》和《列国变通兴盛记》诸书进呈光绪帝，甚且推荐李提摩太作光绪帝的顾问。李提摩太看到康有为的变法奏折后，在给他妻子的信中说："余甚惊异，凡余从前所有之建议，几尽归纳结晶，若惊奇之小指南针焉。"可见，康有为的变法主张一定程度上受到了英美传教士的影响。

但是，英美传教士鼓吹的变法及其变法主张，与维新派有着根本的区别。虽然英美教士在鼓吹变法时摆出的是一副"关爱中华"的菩萨面孔，但是，除个别人外,他们鼓吹中国变法的目的是对他们的国家有利的。因此,在具体的建议上,他们只是主张中国引进西方的物质技术和宗教,例如,开矿筑路,扩大通商,传播所谓基督文明,而对引进西方的政治制度,并不热心劝导中国仿行。李提摩太等对此根本未曾提及,而林乐知甚至力陈中国不可仿行。他们希望中国一定程度的资本主义化,以便利资本主义列强对中国的侵略,但是他们决不希望中国成为一个有力量摆脱列强侵略并进而与之抗衡的资本主义强国。毛泽东指出:"帝国主义列强侵入中国的目的,决不是要把封建的中国变成资本主义的中国。帝国主义列强的目的和这相反,它们是要把中国变成它们的半殖民地和殖民地。"作为资本主义列强对中国进行文化侵略的传教士,其所作所为本质上同他们国家的政府是一致的。

维新志士们尽管对资本主义的本质尚无清醒的认识,在一定程度上对列强还抱有幻想,但是对英美教士的鼓吹变法,也并非衷心赞同。梁启超就比较清醒地指出:"练兵而将帅之才必取于彼焉,置械而船舰枪炮之值必归于彼焉,通轮船铁路而内地之商务彼得流通焉,开矿而地中之蓄藏彼得染指焉。且有一兴作,而一切工料,一切匠作,无不仰给之于彼,彼之士民,得以养焉。以故铁路开矿诸事,其在中国不得谓非急务也,然自西人言之,则其为中国谋者十之一,自为谋者十之九。"表现出他对西人在华活动的警惕,难能可贵。

四 秀才与皇帝的合作

——维新变法运动的高潮

1 "颇想有所作为"的青年皇帝

维新变法运动时期坐在大清朝皇帝宝座上的是光绪帝。

在晚清历史上,光绪一般被人们看做是一个不幸的软弱的皇帝。光绪帝名爱新觉罗·载湉,生于1871年,是道光帝的孙子,咸丰帝之弟醇亲王奕譞之子。醇亲王福晋(满语,"夫人"之意)为慈禧胞妹,慈禧又是咸丰帝的贵妃。因此,慈禧既是光绪的姨母,又是他的伯母。

慈禧是同治帝生母,具有极强的权力欲,1861年,她与恭亲王奕訢等联合发动宫廷政变,诛戮贬斥了咸丰临死前任命的载垣、端华、肃顺等八位顾命大臣,实行太后垂帘听政。1875年,同治帝病死。同治没有子嗣,按理说新皇帝应该比同治低一个辈分,但是那样慈禧就成了皇太后,按规定就不能再执掌实权。慈禧为了牢牢将大权掌握在自己手中,于是策立与同治帝同辈的年仅4岁的载湉为帝,年号光绪,仍旧垂帘听政。

光绪于1875年即皇帝位,到1908年去世,在位共34年,其中头15年是慈禧垂帘听政,光绪读书受教育。1898年9月戊戌政变后的9年间,光绪被慈禧囚禁。作为皇帝,他真正可以有所作为的只是从1889年3月亲政开始到1898年9月戊戌政变为止的不到10年的时间,而且在这亲政的10年间,他也还是受着慈禧的牵制,绝大多数情况下不能自作主张。他之所以还被后人记着,是因为他在甲午战争特别是维新变法运动中有过重要的表现。

光绪亲政后,慈禧名义上退居到颐和园去"颐养天年"了,但实际上,她是身在颐和园,心在紫禁城,仍旧把持和操纵着朝政。光绪每月至少要到颐和园向慈禧"请安"两次,有时甚至多达六七次,臣工的重要奏折也必须送呈慈禧过目后才能由光绪颁行谕旨。实际上,光绪只是一个傀儡皇帝。这种状况使光绪很不满意,也使一些近臣愤愤不平,于是逐渐形成了支持光绪掌握实权的"帝党",而那些支持慈禧掌握实权的官僚则形成"后党"。

帝党的中坚人物是翁同龢。翁同龢(1830~1904),字叔平,江苏常熟人。他的父亲翁心存官至大学士,二兄翁同爵官至总督,长兄翁同书官至巡抚,一门均为大官。翁同龢本人于1856年中状元,同治年间已官至内阁学士。光绪即位后,翁同龢被任为光绪的师傅,历任刑部、工部、户部尚书。他于1894年入值军机,成为参与清政府决策的军机大臣,是光绪最亲信的大臣。凡遇军国大政，光绪"必问同龢"，倚畀甚重。此外，帝党人物还有军机大臣李鸿藻、工部尚书孙家鼐、工部侍郎汪鸣銮、长麟以及光绪之妃珍妃的堂兄礼部侍郎志锐、珍妃的师傅侍讲学士文廷式、工部主事沈曾植、户部郎中陈炽等人。这些人成为光绪的近臣，或为翁同龢的门生故旧，但除翁同龢本人在清廷中有相当的权势外，其余多为文职官员，虽然能在很大程度上左右社会舆论，但是无权无勇，实际上并没有多大力量。

与帝党相比，以慈禧为首的后党，势力则要大得多。到甲午战争时，后党的中坚人物为军机大臣孙毓汶和徐用仪。孙毓汶（？～1899），字莱山，山东济宁人，1885年入值军机，并兼总理各国事务衙门（简称总理衙门或总署，1861年设，负责外交事务的机构）大臣。他先是追随醇亲王奕譞，奕譞1891年去世后，他唯慈禧之言是听，成为慈禧的心腹大臣。徐用仪（1826～1900），字小云，浙江海盐人，同治初年充军机章京，1884年在总理各国事务衙门行走，1894年，经孙毓汶援引进入军机处。孙毓汶对内结交总管太监李莲英，对外笼络权势最重的直隶总督兼北洋大臣李鸿章，巩固和抬高了自己的地位，很快就成为一个声势赫赫、不可一世的枢机要员，控制了军机处的大权。此外，京内部院王大臣文武百官和京外督抚藩（布政使）臬（按察使）等，或慑于慈禧的淫威，或诱于权势利禄，大多追随后党。

帝后两党形成于光绪亲政后的数年间，两党斗争的表面化则开始于1894年的中日甲午战争，最终的决战是在1898年百日维新期间。帝后党争是光绪帝和慈禧太后争夺清政府最高统治权的斗争,但是,在甲午战争及随后的维新变法运动这一特定的时代背景下,帝后党争带上了鲜明的时代色彩,具有了"爱国"与"卖国"、"维新"与"守旧"之争的性质。

著名历史学家范文澜先生在所著《中国近代史》(上册)中评价光绪帝时说道:"光绪帝是满洲皇族中比较能接受新思想的青年皇帝,颇想有所作为。"严格地说,光绪开始"接受新思想"、"颇想有所作为",是从甲午战争开始的。

1894年6月,日本侵略者在朝鲜制造事端,战争一触即发。光绪反对妥协,主张抵抗。光绪对于李鸿章迎合慈禧的避战心理,幻想通过俄、英等第三国的调停和平解决争端的行为,深感不满。他向李鸿章指出:"据现在情形看去,口舌争辩,已属无济于事",要求李鸿章加强战备。当李鸿章调派叶志超、聂士成统兵前往朝鲜应敌时,光绪深虑"兵力不足",谕令"尚须增调续发";为了加紧战备,又急令战将刘永福、刘铭传、刘锦棠等或到台湾布防,或来京待命;并且第一次公开冒犯慈禧的旨意,"请停颐和园工程以充军费",引得慈禧勃然大怒。但是,这场战争是一场注定打不赢的战争。战败的消息传来,光绪痛心疾首。中日议和时,他反对割地,认为"割台(湾)则天下人心皆去,朕何以为天下主",迟迟不肯在《马关条约》文本上"用宝"(加盖皇帝印玺)。他犹豫不能决,面容为之憔悴,"如在沸釜中",拖了10天,才在后党与列强压力下，怀着不甘心又无可奈何的心情批准了这个屈辱的条约，随即与翁同龢"相顾挥涕"，紧接着又亲自书写朱谕，颁示天下，以明心迹，表示"嗣后我君臣上下，惟当艰苦一心，痛除积弊，于练兵筹饷两大端尽力研求，详筹兴革，勿存懈志，勿骛空名，勿忽远图，勿沿故习，务期事事核实，以收自强之效，朕于中外臣工有厚望焉"。这表露了他不甘屈辱失败、锐意进取的精神状态。

《马关条约》签订时，康有为等来京应试的举子们发动了"公车上书"，拉开了维新变法运动的帷幕。由于守旧大臣的封锁，光绪没有看到康有为的上书。但是，20多天后，康有为又写了一篇13000余字的上皇帝书，即《上清帝第三书》，被送到了光绪面前。光绪阅后，深受启发，对康有为提出的"富国、养民、教士、练兵"等自强雪耻之策和为实现这些目标提出的不拘一格选拔人才的建议深为赞赏；对康有为质问他"下僚庶士，怀才效忠者甚众，皇上所深知简任者有几人？所不次拔擢者有几人？所议论咨询者有几人？所日夜钩访者有几人？"这种咄咄逼人的态度和批评他"皇上鼓舞拔擢之道有未尽也"的激烈言词，毫不怪罪。光绪令军机处将康有为的上书抄三份，一份存紫禁城皇帝召见臣工处理政务的乾清宫，一份存西苑（中南海）皇帝办公的勤政殿，以备随时阅览，一份存军机处，旋即抄发各省督抚将军议奏，而把原书送颐和园呈慈禧，不久发下军机处封存。康有为的第三书成了推动光绪帝打算变法实行新政的重要因素。

光绪看到康有为的第三书后,又接连看了广西按察使胡燏棻的《条陈变法自强事宜折》、南书房翰林张百熙的《急图自强敬陈管见折》等要求变法自强的奏折,大受鼓舞,于1895年7月19日发布上谕,从康有为、胡燏棻等人的奏折中,提取了他认为当前切实可行的14项新政,包括修铁路、铸钞币、造机器、开矿产、折南漕、减兵额、创邮政、练陆军、整海军、立学堂、整厘金、核关税、稽荒田、汰冗员等,指出前10项以筹饷练兵为急务,以劝工惠工为本原,应该立即举办,后4项只要能破除情面,实力讲求,于国计民生必定大有好处。他要求各督抚将军各就本地情形会同各地方官悉心筹划,讨论复奏。虽然这个一揽子的新政计划并没有多少新东西,都可以从当时议论时务的书中找到,但是,这么多的东西一下子汇集到了光绪的脑袋里,并变为他积极催办的要政,充分表明了光绪锐意变革的雄心和自强雪耻的急迫心情,这也可以从他要求督抚将军们议复时不得"畏难苟安,空言塞责"的严肃态度中看出来。同时,光绪还和翁同龢一起拟定了12道诏旨,准备陆续颁行,大干一场。

14项新政由于势力庞大的守旧督抚将军的反对被扼杀在摇篮里,12道变法诏书也在慈禧的阻挠下胎死腹中,但是,这些却表明光绪向维新变法迈出了重要的一步。

2 异源同流

以康有为为代表的资产阶级维新派是无职无权的

读书人，以光绪为首的帝党则是高高在上的皇帝和天子近臣。在甲午战争后严重的民族危机刺激下，他们基于某些共同的思想认识和各自不同的利益，逐渐走到了一起，在中国近代史上演出了一场波澜壮阔而又悲壮感人的戏剧。

所谓共同的认识，是双方都要求改变现状，主张师法西方，进行变法，富国强兵，以御外侮，挽救民族危机；所谓各自不同的利益，在维新派是希望借助光绪帝实现自己的政治主张和参政的要求，而光绪为首的帝党则是希望联合维新派，壮大自己的力量，以便在帝后党争中争取主动，最后掌握实权。康有为的《上清帝第三书》是深居宫中的光绪第一次透过紫禁城又高又厚的城墙呼吸到了外部世界的新鲜空气，也是维新派的声音第一次穿透壁垒森严的铁幕而"上达天听"，是维新派与帝党二者结合的起点。

在《上清帝第三书》中，康有为写有这样一段话："社稷安危，决在今日，凡上所陈，其行之者，仍在皇上自强之一心、畏敬之一念而已。"意思是说，中国的前途就看现在怎么办了，办法他已经有了，就是他的变法主张，而这些主张的推行全在皇帝"一心"、"一念"之间，即把变法自强的希望主要寄托在光绪帝身上。康有为的这种把希望主要寄托在皇帝身上的思想由来已久，他屡次上书光绪帝本身就是明证。他之所以有这种思想，自有其客观的现实原因，他自己只是一介书生，无职无权，而皇帝在他看来则拥有至高无上的权威。他的这种态度自然赢得了光绪及帝党官僚的好感，为两者的结合铺平了道路。

其实，早在康有为1888年上清帝第一书时，即有意结交朝中大僚，当时最有"时名"的军机大臣潘祖荫、徐桐、翁同龢是他重点争取的对象。但是，潘祖荫对他的变法建议无动于衷，徐桐是著名的顽固派，凡门人谈西学者即不许入见，康有为向徐桐建议变法无异于与虎谋皮，徐桐不但见都不见他，还斥之为"狂生"。翁同龢当时思想还很保守，康有为致书求见，被他拒绝。康有为联络朝中大僚的努力处处碰壁，没有成效。但是，他在中小官吏中的游说却颇有成绩，结识了国子监祭酒盛昱、刑部主事沈曾植、翰林院编修沈绍箕、给事中洪良品和御史屠仁守等帝党官僚，这对他后来的维新宣传助力颇多。

甲午战争改变了翁同龢对康有为的成见。甲午战争中，翁同龢支持光绪一意主战，《马关条约》文本送到北京时，他又劝阻光绪批准，并与主和的孙毓汶、徐用仪发生了激烈的争执，但是最后却不得不让步。战败的耻辱使得他深受刺激，开始接受变法的主张。当时康有为正在北京，翁同龢以帝师的身份亲自去拜访康有为，不遇。康有为见原来曾拒绝见他的帝师屈尊来谒，喜不自胜，急忙前去回访。翁同龢首先对1888年未代康有为上书一事表示道歉，说当时实在想不到日本会强大到打败中国，很是感到惭愧。接着，二人就变法之事进行了长时间的讨论，谈得十分投机，翁同龢并向康有为索要"论治之书"。当时，康有为并不知道光绪帝只是徒有虚名的皇帝，因而要翁同龢请求光绪"力任变法，推荐贤才"。翁同龢告诉他："我和你虽是初次见面，但是10年前我就知道你了，你我就如同老朋友，我告诉你实情，请严守秘密：皇上实际上并没有实权，太后对皇上十分猜忌，皇上有点心赏给近支王公大臣，太后都命人剖开验看，看里面是否有密诏。即使是我会见客人，都有人扒门偷看，所以我不敢见客，其中是有难言之隐的。"自此，康有为才知道了宫禁秘事。而翁同龢对康有为直言无隐，正反映了他与康有为相见恨晚的心情，帝党与维新派的关系开始密切起来。

此后，帝党官僚积极参加了维新派的活动，如支持和加入强学会。维新派则在帝后党争中站在了帝党一边，如康有为秉承翁同龢等帝党官僚的意旨，为御史王鹏运草拟《枢臣不职，请旨立予罢斥，以清政本折》，要求将后党骨干徐用仪逐出军机处和总理衙门（后党另一骨干孙毓汶在《马关条约》签订后迫于舆论已先期自动辞职）。

1897年11月爆发了德国占领胶州湾事件，民族危机日深一日。这时康有为向光绪上了第五书，痛陈中国遭受瓜分、亡国灭种即在旦夕的危险，强调中国若再因循守旧不知变计，"皇上与诸臣求为长安布衣而不可得矣"（皇上和各位大臣想当普通老百姓都办不到了）。书中向光绪奉献了三策以供采择：第一是择法、俄、日以定国是，第二是大集群才而谋变政，第三是听任疆臣各自变法。他同时指出，三策之中，能行上策则可以强，能行中策则犹可以弱，仅行下策则不至于尽亡,若一切不行,则必亡无疑。康有为还一口气罗列了10项具体办法,其中包括"自兹国事付国会议行"和"采择万国律例,定宪法公私之分"等激进的政治改革主张,闪烁着民主政治的光华,可惜由于这次上书是在胶州湾之变的刺激下仓促拟就的,未予展开详细论述。

第五次上书由于工部大臣松溎(康有为1895年中进士后授工部主事,他的上书按例应由工部大臣代递)"恶其亢直,不肯代递",未能呈递到光绪面前,于是康有为准备束装南归。恰在这时,翁同龢急来挽留。翁同龢在胶州湾事件后更感国势垂危,加之他身兼总理衙门大臣,经常与列强的使节周旋,目睹了这些"咆哮恣肆"、"无耻无餍"的列强公使干预中国内政外交的情形,深有感触,觉得中国再不变法将无以自存。这时,他自然想到了康有为,于是向光绪极力推荐康有为,说康有为之才胜过自己。当他听到康有为准备南归的消息后,一大早就赶到康有为下榻的南海会馆挽留,当时康有为还高卧未醒,这是1897年12月11日的事情。

12月12日,给事中(都察院官职,负建言、进谏之责)高燮曾上书光绪举荐康有为,称康有为"学问淹长,才气豪迈,熟谙西法,具有肝胆",请光绪召见,并请加卿衔出洋办理外交。高燮曾并不是帝党官僚,更不是维新派,他之所以举荐康有为,很可能是被康有为贿买。康有为为了减少维新变法的阻力,打通通向光绪帝的关节,曾在北京遍谒当道,上至军机大臣和总理衙门大臣，下至御史翰林等，都是他游说的对象，甚至不惜花费巨资，为此他负债累累。高燮曾的上书是清政府官员正式向光绪推荐康有为的第一份奏章。对康有为关注已久的光绪欲亲自召见，但是遭到恭亲王奕䜣（甲午战争时期复出，经过慈禧的几番摧折后，这时已失去往昔的锐气，思想趋向保守）等人的反对，理由是，根据规定，非四品以上官员皇帝不能召见，而康有为乃是六品"小臣"，因而建议光绪"若欲有所询问，命大臣传语可也"。光绪无法打破旧制，只得命总理衙门大臣接见康有为，"询问天下大计、变法之宜"。

1898年1月24日（光绪二十四年正月初三日）下午3点，总理衙门大臣在总理衙门（地点在东单北面东堂子胡同）平时接见外国公使的西花厅召见了康有为。出席问话的有李鸿章、翁同龢、荣禄、廖寿恒和张荫桓，恭亲王奕䜣和庆亲王奕劻因外出陪同英、俄公使而未出席。这五位大臣中，李鸿章是著名的洋务派首领，曾"坐镇北洋，遥执朝政"长达20余年，但是甲午战败后他成为众矢之的，失去了曾长期担任的直隶总督和北洋大臣的职位，对于明争暗斗日益激烈的帝后党争，他依违其间，不置可否。荣禄（1836~1903），瓜尔佳氏，字仲华，满洲正白旗人，光绪初年由内务府大臣兼领步军统领，年仅30岁便号为慈禧宠臣，1891年出任西安将军，1895年授兵部尚书，参与督办军务事宜。他办事干练又富于权谋，在孙毓汶、徐用仪去位后，他成为后党的骨干。廖寿恒对变法了解不多。翁同龢和张荫桓则是积极支持变法的。张荫桓（1837~1900），广东南海人，曾出任驻美国、西班牙、秘鲁三国公使，思想比较开明。在这五人中，荣禄是阻挠变法的主要人物，西花厅的辩论也就主要在他和康有为之间展开。虽然五大臣对康有为"待以宾礼"，但是问话是在紧张的气氛中进行的，辩论中充满了火药味。

根据《康南海自编年谱》的记述，西花厅问话的情况大致如下：

荣禄先发制人。本来五大臣传见康有为是为了垂询变法的事情，但是荣禄首先以肯定的语气说："祖宗之法不能变。"

康有为毫不示弱，立即反驳："祖宗之法是用以治理祖宗时代的中国的，现在祖宗时代的国土都保守不住了，祖宗之法还有什么用呢？"他并触景生情，举例说，就像这个总理衙门吧，是负责办理外交的官署，在祖宗之法中本是没有的。最后他总结道："因时制宜，祖宗之法也不得不变，这是不得已的事。"这一番话说得有理有据。

廖寿恒接着问："变法应当从何处着手呢？"

康有为胸有成竹而又简短地回答："应该改变法律，尤其要首先改变官制。"

听到要改变法律和官制，李鸿章按捺不住地问："难道要把六部（即吏、户、礼、兵、刑、工六部）都裁撤掉、把法律条文全废除掉吗？"

康有为回答道："今天是列国并立的时代，不再是过去一统天下的局面了,可我们的法律和官制,还是一统天下时代的法律和官制,早已不能适应今天的形势,中国之所以弱亡,都是由于这些旧法律旧官制造成的,实在是应该全部废弃了。即使不能一下子全部废弃,也应当酌情做一些必要的修改,只有这样,新政才能推行。"

翁同龢见气氛过于紧张,便扭转话题以缓和气氛。因他是户部尚书,所以问:"如今国库空虚,应该如何筹款?"

康有为回答说:"日本设立银行发行纸币,法国实行印花税,印度征收田税,成效都很可观。中国幅员广大,人口众多,只要改变了制度,税收可比现在增加10倍。"

接着,康有为又依照问话大臣所提的问题,回答了关于改革法律、官制、度支(财政)、学校、农商、工矿、教育、铁路、邮政、会社、海军、陆军等方面的问题,侃侃而谈,如数家珍,把他酝酿已久的各方面的改革方案一一作了阐述,并强调日本仿效西法,实行维新,取得了巨大成效,离我们又近,易于模仿,他自己编有《日本变政考》以及《俄大彼得变政记》可供参考借鉴。

这场辩论一直进行到黄昏才结束。荣禄因话不投机,首先愤愤地离去。第二天,翁同龢将问话的经过情形详细向光绪作了汇报。光绪听后十分振奋,再次决定亲自召见康有为,这时奕䜣再次站出来拦阻,建议先让康有为把变法建议写成条陈送来,若可采取,再召见也不为迟。于是,光绪传命让康有为书面奏陈他的变法建议,并进呈《日本变政考》和《俄大彼得变政记》两书。同时,光绪还下令总理衙门大臣:今后康有为如有条陈递上,要即日进呈,不许阻格,并命康有为具折上言。

这次问话具有重大意义。

首先,多年来康有为一直被顽固派视为离经叛道、非圣无法之人,连上书都得不到递呈,现在皇帝居然命总署大臣去听取他关于变法的政见,总署大臣对他还不得不"待以宾礼",而他居然能和一人之下万人之上的大臣们平起平坐,侃侃而谈他的变法主张,这是总理衙门成立30多年来从来没有过的事情,这本身就是维新派的一个重大胜利。

其次,康有为充分利用这个机会阐述了自己的变法主张,进一步拉近了他与光绪帝之间的距离,取得了直接上书皇帝的权力,打开了通向紫禁城的大门,为维新变法高潮的到来铺平了道路。

最后,这次问话也使康有为的思想发生了一些变化。请求皇帝实行变法是他一贯的主张,但是,在这之前,他对于光绪能否接受他的主张并重用他去推行新法没有把握,因而他能够直抒胸臆,把他能想到的变法主张和盘托了出来,包括开国会、设议院等闪烁着民主政治光华的主张。这次召见使康有为一下子接近了皇帝,他认为朝野上下都把这次召见看做是"旷典",他自己也得意洋洋,踌躇满志,有些飘飘然了。从此,他把光绪帝看作"旷世圣主",把全部希望寄托在了光绪身上,在他的变法建议中,原来的开国会、设议院等兴民权的思想不见了,取而代之的是寄望于光绪帝"乾纲独断,以君权雷厉风行",这种对皇帝的倚赖终其一生都没有再改变。

总理衙门西花厅问话五天后,即1月29日,康有为在光绪催促下向总理衙门呈上了《外衅危迫,分割洊至,宜及时发愤,大誓臣工,开制度新政局折》,即《上清帝第六书》,又称《应诏统筹全局折》。此折是康有为深思熟虑后提出的统筹全局、尽变旧法的纲领性文件。

在这次上书中,康有为从分析"大地忽通,万国竞长"的国际形势入手,总结了各国兴亡的原因,充分说明中国若再不奋起变法将无以自存的危险。他指出,俄国和日本因为变政维新,所以能够"辟地自强",而印度、土耳其、埃及等因为"守旧不改",所以导致"削地灭亡"。中国面临瓜分豆剖的危机,处境已经十分险峻,这是中国4000年来的"变局",也是大清国立国200多年来所未遇到的,如果再惑于守旧分子"祖宗之法不能变"的谬论,不知变计,因循守旧,到时候恐怕想苟安旦夕都不可能了。他说,变法乃是大势所趋,"臣民想望,有不可不变之心;外国逼迫,有不能不变之势",总之是非变不可,不但必须要变,还要进行根本的变,不能像过去的洋务新政那样只进行枝枝节节的改变,"少(稍)袭皮毛,未易骨髓"。他建议光绪帝首先召集群臣进行讨论,审时度势,反复辩难,统一思想认识,然后明定国是,宣布

"别立堂基,涤除旧弊",发愤更始,变法维新。

但是,变法头绪纷繁,条理万端,应该从何处下手呢?康有为认为应该仿效日本,走明治维新的路。他把日本的经验总结为三条:

一曰大誓群臣,以革旧维新,而采天下之舆论,取万国之良法;

二曰开制度局于宫中,征天下通才20人为参与,将一切政事制度重新商定;

三曰设待诏所,许天下人上书,日主以时见之,称旨则隶入制度局。

康有为认为,以上三条是变法之纲领,下手之条理,不管哪个国家变法都须照此办理。而在这三条当中,第一条是变法的前提,是舆论准备,第二条是变法的制度保证,是变法能否成功的关键,第三条则是新法顺利推行的条件。

具体到中国的实际情况,康有为建议光绪帝选择吉日良辰,在太庙或乾清门大誓群臣,向天下臣民明确表态,宣告实行变法。然后在内廷设立制度局,妙选天下通才十数人为修撰,派王大臣为总裁。这些通才与王大臣体制平等,以便于互相商榷。他们每日在内廷值班,共同讨论遇到的问题,皇帝也要亲临制度局,折衷一是,将旧制新政,斟酌其宜,该改的改,该增的增,草定章程,考核至当,然后颁布实行。同时,在午门设立待诏所,派御史为监收,允许天下百姓上书,然后将上书中的意见交由制度局讨论,并通过上书发现人才,量才予以擢用。这里的"通才",显然是指身居草野而又有胆有识熟悉西法的维新派人物。

为了便于新政的推行，康有为还建议在中央设立专局，包括法律、税计、学校、农商、工务、矿政、铁路、邮政、造币、游历（掌管派遣出洋游学等）、社会（分管各种学会）、武备等12个局，为新政的执行部门，凡经制度局讨论决定的新政事宜，均交由这12个局分头执行。同时，相应地在地方各级政府机构中也设立新局，每道设一新政局，其长官曰督办，不拘官阶，有专折奏事之权，可以自行选用参赞随员，办理农工商学事宜；每县设立民政局，由督办派员，会同地方绅士，共议新政。这样，可以做到"内外本末，指臂灵通"，10年之后，即可大见成效。

在这些新政建议中，最核心的一环是改变官制。根据翁同龢日记记载，在总署五大臣召见康有为问话时，康有为就提出了"立制度局、新政局"的主张，但是具体情况因为文献的缺乏已不得而知。这次上书是康有为第一次以书面形式向光绪详细阐述官制改革的思想。这里，他是本着西方资本主义国家三权分立的原则来构筑他的官制改革的，即新官制实行立法和行政分立：制度局是立法机关，12个局则是执行机关。在这里，他抛开了军机处和总理衙门，也抛开了六部，要建立的是一套与旧官制截然不同的新官制，这一方面反映了康有为要彻底排除守旧官僚对新政的抵制和干扰的决心，另一方面更体现了维新派急欲参与到清政府各级行政机构中去的迫切愿望。

康有为此折递到总理衙门后，由于守旧大臣许应骙的妄肆攻击和恭亲王奕䜣的反对，竟被扣压了一个多月之久，直到3月11日才呈递到光绪面前。随后，康有为又先后递上了他"昼夜缮写"出来的《俄大彼得变政记》和《日本变政考》。另外，他还呈递了英国传教士李提摩太译著的《泰西新史揽要》和《列国变通兴盛记》两部书。光绪将康有为的奏折和呈书"置御案，日加披览，于万国之故更明，变法之志更决"。

在严重的民族危机面前，以康有为为首的资产阶级维新派和以光绪帝为首的帝党从各自不同的出发点最终走到了一起，维新派和帝党的结合已成定局。

3 继续联络同志

康有为在"上书求变法于上"的同时，并没有忽视发动群众的工作。当然，这里所说的"群众"并不是指广大的劳动人民，而是康有为所属的知识界和京官阶层。

这一时期他在这方面主要做了两件事，一是"开会振士气于下"，即继续组织各类学会，开通风气，倡导变法，联络维新同志，发动社会舆论，为变法维新创造更加有利的社会大气候；二是积极策动了第二次公车上书，广泛发动知识分子投身于政治活动，这同样也是"振士气于下"的工作。这时的康有为已是朝廷命官，不能再以公车身份公开出面领导上书活动，而是退居幕后，由他的得意门生梁启超（无官职）、麦孟华和林旭等人出面进行。

1898年1月5日，康有为率先联合广东籍在京人士在南海会馆成立了粤学会，入会者有20余人。该会成立后，名动京师，其他省籍的旅京人士受到鼓舞。康有为又积极鼓动，于是以省籍为单位的学会纷纷成立：1月31日，康有为的学生林旭联合福建籍人士在福建会馆成立了闽学会；2月8日，与康有为关系密切的御史陕西宋伯鲁、山西杨深秀等联合陕西、山西籍人士成立关学会；3月间，与康有为过从甚密、曾参加过强学会的内阁侍读杨锐联合四川籍人士在四川会馆成立蜀学会。这些学会与康有为领导的粤学会"同声相应"，联为一气。同时，康有为还分别鼓动直隶、湖南、浙江、江西、云南、贵州等省旅京人士组织学会。其后，保浙会、保滇会、保川会等纷纷成立。

在这些学会的基础上，康有为与热心于开学会的御史李盛铎商议，决定"成一大会"，取名"保国会"。经筹备，4月17日在北京粤东新馆召开了隆重的保国会成立大会，大门上用大字写着"保国会"字样。到会成员上至二三品朝廷大员和翰詹科道、各部员郎主事，下及在京的行商坐贾，外及来京参加会试的举人，共200余人。在大会上，康有为登台作了演讲，说明建立保国会的必要性和它的目的。康有为慷慨陈词，指出四万万中国人民就像是"牢中之囚，为奴隶，为牛马，为犬羊，听人驱使，听人宰割"，真是"奇惨大痛"。他回顾了鸦片战争以来中国遭受列强侵略的事实，尤其是列举了最近以来列强瓜分中国的20条罪状，说明中国的生死存亡已迫在眉睫，中国的圣教种族也即将沦亡，若再不自强，亡国灭种就在眼前。他进而指出，出路只有一条，那就是发愤变法自强，只要全中国四万万人"人人热愤"，那就没有做不到的事情；建立保国会，正是为了保国、保种、保教。康有为讲到悲愤处，"泪随声下"，动人心魄，听众为之动容，为之泣下。

在这次成立大会上，议定了康有为起草的《保国会章程》。章程共30条，主要内容为：申明保国会的宗旨是"保国家之政权土地"、"保人民种类之自立"和"保圣教（指孔教）之不失"，同时讲求变法、研究外交、谋求经济，以协助政府治理国家；说明保国会的组织形式：在京师和上海设立保国会总会，各省设立分会，公推总理、值理、常议员、备议员和董事各若干人；制定了保国会的纪律、入会手续及总理以至会员各自的权利和义务。

保国会的主要活动是讲演，然而连同成立大会一起总共只开了三次会，它便在顽固派的攻击下不再活动了，设立总会、分会的计划没能实现，入会手续也没有严格执行。但是，它是在中国面临瓜分危机形势下成立的，高举的是爱国的旗帜，宣传的是维新变法，因此，在当时还是起了很大的作用。一家报纸载文评论说，本朝建立250多年来，士大夫没有奉朝廷的命令即毅然以国家大事为"己任"，而且搞得"如是其盛"，轰轰烈烈，是"未之前闻"的。

保国会的活动使顽固派大为恼怒。在保国会召开成立大会前夕，徐桐就把发起人之一的李盛铎召到家中训斥了一通，随后李盛铎又"受荣禄之戒，乃除名不与会",脱离了保国会。荣禄还放出风来说:"康有为立保国会,现在许多大臣未死,即使亡国,尚不劳他保也。其僭越妄为,非杀不可。你们如有相识入会者,令其小心首领(脑袋)可也。"杀气腾腾,可见一斑。其他守旧分子也纷纷跳出来上奏弹劾保国会,吏部主事洪嘉与指使浙江举人孙灏出面攻击保国会,并替他拟《驳保国会章程》,对30条章程逐条批驳,说康有为和保国会"厚集党徒","形同叛逆","莠言乱政",甚至大骂康有为是"地方大光棍",极尽诬蔑谩骂之能事。5月2日,御史潘庆澜也上书弹劾康有为"聚众不道",军机大臣刚毅根据潘庆澜的弹折打算查究保国会,这时光绪出面护持,说:"会能保国,岂不大善,何又查禁耶?"才把这事压了下来。但是参加保国会的大部分成员却动摇妥协了,保国会虽未遭封禁,却在无形中解散了。虽然如此,正如梁启超所说:"各省志士纷纷继起,自是风气益大开,士心益加振厉,不可遏抑矣。"

1898年1月22日(农历戊戌年正月初一日),占领胶州湾后又侵入山东即墨县的德国侵略军多人闯入即墨县文庙,将庙中的孔子像损坏,并将子路像的双眼挖去。众所周知,孔子及其门徒在那时候的中国人特别是读书人心目中具有神圣不可侵犯的地位,非议孔子都被视为大逆不道,何况损毁孔子的塑像。因此,消息传开,远近士庶无不义愤填膺,驻即墨的清军士兵也想要去找德军拼命。但是,地方官畏洋兵如虎狼,没敢将此事报告清政府。直到4月22日,赴京参加会试的山东举人、孔子后裔孔广霂等10余人将此事上书都察院，同时由黄象毂领衔的另100多名山东举人也上书告发，此事才被披露出来，朝野上下闻知后大为震动，来京参加会试的各省举人更是怒不可遏，甚至有人打算到德国驻京使馆去"声罪报复"。

康有为、梁启超闻讯后，立即决定抓住这一机会，鼓动各省举人上书都察院。在康有为幕后策划下，4月29日，麦孟华、林旭、梁启超等12人联名向各省举人发出了《请联名上书查办圣象被毁公启》，指出文庙孔子像被德国人毁坏绝不是一件无足轻重的小事，它关系到"吾教之盛衰"和"国之存亡"，号召各省公车具呈都察院代奏，请政府与德国理论，查办毁像之人，并措词严厉地说，谁若不在上书上签名，谁便是"自外衣冠之种族"，即不是人，因而这份公启很有感召力。此后，各省举人乃至京官纷纷上书，都察院门前又像三年前公车上书时那样出现了车马塞途、人情汹汹的请愿浪潮。根据清宫档案记载，规模比较大的有：

5月2日，福建举人林旭等369人联名呈递《圣像被毁，圣教可忧，请饬总理衙门责问德人，令其速行赔办呈》；

同日，湖北举人李家群等165人、湖南举人易顺豫等43人及安徽、广西举人若干人联名呈递《东省公车群诉，未奉纶音，乞饬查办呈》；

5月4日，江苏松江府举人庄人泳等31人联名呈递《即墨圣庙一案关系重大，请严旨诘德人交犯惩办，以伸公愤呈》；

同日，江苏举人汪曾武等204人联名呈递《至圣像毁，乞饬总理衙门责问德驻京公使迅行惩办，以安人心而弭衅端呈》；

5月6日，广东举人麦孟华、梁启超等831人联名呈递《圣像被毁，圣教可忧，乞饬驻使责问德廷严办，以保圣教而安人心公呈》；

5月12日，翰林院编修李桂林、徐仁镜等直隶省京官、举人、拔贡、附贡生等154人联名呈递《德人残毁文庙圣像，请旨严行责问，以保圣教而弭隐患折》。

在这为数众多的上书中，代表康有为意见的是他的学生麦孟华、梁启超领衔的广东831人联名呈递的公呈。公呈中称颂孔子"道参天地，德在生民"，他使天下"人知君臣父子之纲，家知孝悌忠信之义"，皇上以幼年登基，只靠二三大臣辅助于下，而能做到"天下晏然，四海静谧"，正是因为孔子的"君臣之义"已经"深入人心"。如今德国人竟公然毁坏先圣先贤之像，是为了试验我中国的人心，如果我中国人"士气不扬，人心已死"，他们就会遍毁各地的文庙，进而焚毁四书五经，再进而强迫我中国人入彼之教，孔子之教既亡，则"国亦从之（而亡）"；而且德国人敢肆行妄为，实际上是藐视我全中国之人。天下士人都为之震动，同仇敌忾。若朝廷对德国人的暴行听之任之，就会"人心从此尽失"。因此，德国割据胶州不过是"失一方之土地"，而毁像则会导致"失天下之人心，失天下之圣教"，"事之重大，未有过此"，要求清政府与德国交涉，查办毁像之人并勒令赔偿。这里，反映的是康有为振兴孔教以之挽救危局的思想。

这次上书，比之 1895 年的公车上书，规模更加宏大，参加人数更为广泛。这一事件本身，说明中国的知识分子阶层已经觉醒，他们开始走出自己的象牙塔，勇敢地面对现实，慷慨激昂地发表自己的政见。这其中不仅有对德国侵略者横肆欺凌的满腔义愤，也有对中国积弱不振、清政府软弱无能的痛心疾首，从而对祖国前途充满了危机感，对变法维新产生了紧迫感，这对方兴未艾的维新变法运动起了进一步的推动作用。

4 光绪帝终于下定了决心

公元 1898 年（农历戊戌年），是中国近代史上最动人心魄的年头之一。经过维新派几年的不懈努力，这时已经形成"人思自愤，家议维新"（谭嗣同语）的局面，维新变法运动已成为一股不可遏止的洪流，浩浩荡荡，奔流而下，终于促使光绪帝最后下定了决心，与维新派联手演出了威武雄壮的百日维新史（从光绪发布《明定国是诏》到慈禧发动政变致变法失败，为时 103 天，故称"百日维新"）。

德国侵占胶州湾后，光绪几次想亲自召见康有为，都因为恭亲王奕䜣的阻止而未能如愿。5 月 29 日，奕䜣病逝，横在面前的绊脚石没有了，主要权力掌握在了翁同龢手中。康有为充分利用这一大好机会，分别代御史杨深秀和侍读学士徐致靖（倾向维新，曾多次代康有为递折言政）拟折，于 6 月 1 日和 8 日递上，再次敦促光绪明定国是，厉行变法。光绪顺水推舟，立即将其中的徐折送颐和园"恭呈慈览",同时通过主政的庆亲王奕劻要求慈禧太后给他变法的权力,对奕劻说:"太后若仍不给我事权,我愿退让此位,不甘作亡国之君。"奕劻将此话告之慈禧,慈禧一听"怒甚",说:"他不愿坐此位,我早已不愿他坐之。"经奕劻"力劝",慈禧才说:"由他去办,等办不出模样再说。"于是,奕劻乃以"太后不禁皇上办事复命"。

平心而论,慈禧并不是像徐桐等人那样死硬的顽固派,她也知道当时的中国已不是"康熙爷""乾隆爷"的时代了,为了维护大清朝的江山,不向西方学习、不实行某些变革是不行了,正因为有她的或明或暗的允许和支持,才有了一系列洋务新政。她之同意光绪变法,也并不全是出于阴险的计谋。有史料证明,她见到康有为的上书后,"亦为之动","命总署王大臣详询补救之方,变法条理,曾有懿旨(封建时代称皇太后或皇后的命令为懿旨)焉"。但是,她毕竟还没有开明到俄国彼得大帝和日本明治天皇那样的程度,为了维护自己的统治,她深知不能得罪那些势力庞大的坚持传统守旧思想的顽固派。总而言之,她的一切作为都是从维护自己的统治地位出发的,她的用人行政就是利用新旧两派的矛盾,居中操纵,从而将大权牢牢掌握在自己手中。到维新变法运动时期,想摆脱她的束缚而"欲有所作为"的光绪一党倾向变法,与维新派结合在了一起,慈禧也就成了那些想保持禄位的大小官吏和顽固派的后台靠山。

光绪在得到慈禧太后"不禁皇上办事"的懿旨后,

还不放心，于6月9日亲自到颐和园向慈禧太后"请安"，当面向她提出诏定国是、实行变法的要求。第二天，他令翁同龢草拟诏定国是上谕，呈慈禧太后审阅。11日，光绪还宫，召集军机大臣会议，颁发《明定国是诏》。诏书首先指出："数年以来，中外臣工讲求时务，多主变法自强"，但是遭到所谓"老成忧国"者的阻挠，议论纷纭，莫衷一是；接着宣布："国是不定，则号令不行"，中国的大经大法有"五帝三王，不相沿袭"之说，因此，"嗣后中外大小诸臣，自王公以至士庶，各宜努力向上，发愤为雄，以圣贤义理之学植其根本，又须博采西学之切于时务者实力讲求，以救空疏迂谬之弊，专心致志，精益求精，毋徒袭其皮毛，毋竞腾其口说，总期化无用为有用，以成通经济变之才"。诏书最后还提出了一项具体的改革内容，即首先设立京师大学堂，以培养人才。

《明定国是诏》明确宣布变法为"国是"（即基本国策），是实行全国大规模维新变法的宣言书和动员令。与康有为等人的要求相比，尽管它显得很温和，但这毕竟是以皇帝名义发布的纲领性文件，它的宣布，标志着百日维新的开始，自此，维新变法运动进入了高潮阶段。

5 "一朝天子"想有"一朝臣"的努力

中国有句俗语，叫做"一朝天子一朝臣"，意思是说，皇帝为了使自己的意志得到贯彻执行，就必须有一批一心一意听从自己命令、忠心辅佐自己的臣子，皇帝换了，臣子也往往跟着换。但是，光绪帝的情况却并不是这样。他是被慈禧太后扶植起来的傀儡皇帝，起初手下没有一兵一卒，随着年龄的增长，尤其是亲政以后，才在周围聚集了一些支持他的台谏词馆之官，但势力远没有后党庞大，这对他推行新法是极为不利的。因此，诏定国是后，光绪的当务之急便是选用合适的人才，建立变法的权力机构。

《明定国是诏》颁布两天后，徐致靖上书保荐"行新政而图自强"的人才，建议光绪将康有为、黄遵宪（时任湖南盐法长宝道）、谭嗣同（时为江苏补用知府）、张元济（时为刑部主事）、梁启超（无官职）五人"召置左右"以"筹画新政"。光绪当天即看到此折，当即下旨：康有为、张元济预备于6月16日召见；黄遵宪、谭嗣同送部引见；梁启超由总理衙门考察具奏。

6月16日，屡次想见到康有为的光绪帝终于在颐和园仁寿殿召见了康有为。也是冤家路窄，康有为在朝房候旨召见时，与前来谢恩的荣禄（前一日授署直隶总督）不期而遇。荣禄冷嘲热讽地问康有为："以子之槃槃大才，亦将有补救时局之术否？"康有为回答说："非变法不可。"荣禄又咄咄逼人地问："固知法当变也，但一二百年之成法，一旦能遽变乎？"康有为愤然回答："杀几个一品大员，法即变矣。"这是欠考虑的冲动的回答，毫无疑问地加重了荣禄对他的仇恨，因而，荣禄对他的"狂悖"既恨且怒，谢恩后就对光绪说，康有为"辩言乱政"，企图使光绪疏远康有为，接着又到慈禧面前大骂康有为，说皇上如果听信康有为，"必害大事"。当然，光绪是不会听信荣禄的谗言的。

光绪见康有为的心情十分急切，竟然走到了门边去迎接。康有为进来叩见后，光绪循例问了康有为的年岁和出身，紧接着，这对神交已久但从未曾谋面的君臣便开始了一场具有重大意义的历史性对话。

康有为迫不及待地陈奏："现在列强交迫，分割狂潮又起，中国已经到生死存亡的关头了。"

光绪说："这都是那班守旧的人造成的。"

康有为说："皇上圣明，洞悉病源，既知病源，就可对症下药了。既然知道是守旧不变导致了现在的惨祸，那就非尽变旧法实行维新不能自强。"

光绪十分赞同，说："今日诚非变法不可。"

康有为接着说："近年来并不是不讲求变法，但都是少变而不是全变，举其一而不改其二，所以没有成效，就好比一座已经破败的宫殿，如果只是小修小补，暴风雨一来，还是要塌倒的，必须将它拆掉，重新设计、重新建造才行。数十年来群臣所说的变法，都是略变其一端，而未曾筹及全体，而且，所谓'变法'，必须是自制度法律改起，否则，只能算是'变事'，不是'变法'。臣请皇上变法，一定要先统筹全局而全变之，其中尤其应先开制度局而变法律。"康有为还告诉光绪，他曾考察了各国变法的经验教训并编辑成书，皇上若决意变法，可从中采择。

为了使光绪树立起信心，康有为还乐观地表示，西方讲求 300 年，日本施行 30 年，都达到富强，以中国国土之大，人民之众，变法三年就可以自立，以后更可以蒸蒸日上，"以皇上之圣，图自强在一反掌间"。

对于康有为的看法和建议，光绪表示同意，称赞他"条理甚详"。

这时，康有为似乎不解地问光绪："皇上既然知道这些，为什么却迟迟不大举变法而眼看着国家危亡呢？"

光绪警觉地用眼斜扫了一下帘外的动静，然后深深叹了一口气，说："无奈有人掣肘，叫我怎么办呀？"

康有为知道，光绪是受制于慈禧太后，无能为力，只好说："皇上可以就现有的权力做能做到的事，虽然不能尽变，但能抓住重要的事做成几件，也足以救中国。只是现今的大臣都老迈守旧，不明世界大势，皇上要想靠他们变法，犹如缘木求鱼。"

光绪插话说："他们都不用心办事。"

康有为倒替他们开脱说："他们不是不想用心，而是他们年轻时没有学过这些东西，现在年迈又没有精力再学，不知道如何去办。"他建议光绪："皇上要变法，只有提拔重用小臣，广其登荐，予之召对，视其才否，皇上亲自拔擢，不吝爵赏，破格重用。军机大臣和总署大臣已各有专差，只用京卿、御史两官分任内外各事，足以无事不办。至于原有旧人，且姑听之，只是他们事事守旧，请皇上多下诏书，示以意旨在于变法，凡变法之事，都另外特下诏书，使他们无从议驳。"

光绪对此表示同意。

康有为又转变话题说:"今日之患,在我民智不开,而民智不开之故,皆由八股取士造成。学八股者,不读秦汉以后之书,更不考求地球各国之事,却可以位至高官。现在群臣济济,却没有能担当大事者,都是八股取士造成的。所以说,台湾、辽东被日本割占,不割于朝廷,而割于八股;对日赔款二万万两,不赔于朝廷,而赔于八股;胶州、旅大、威海、广州湾被列国割据,不割于朝廷,而割于八股。"

光绪深以为然,说:"你说得很对,西人皆为有用之学,而我们中国皆为无用之学,所以导致了今天这种局面。"

康有为问:"皇上既然已经知道八股有这么大的危害,把它废除可以吗?"

光绪回答:"可以。"

康有为建议道:"皇上既以为可以废除,请颁下明诏,不要交下面讨论,如果交下面讨论,他们肯定不同意。"

光绪说:"可以。"

接着光绪又问:"现在愁的是没有钱,应如何筹款?"

康有为大略介绍了日本银行发行纸币和印度征收田税的情况。他又说:"中国地大物博,遍地是财,发愁的不是贫穷,而是民智不开。"于是,康有为又向光绪谈了翻译西书、派遣留学、出洋游历等事。

这时,康有为觉得谈话时间已经不短了,不时停下来观察光绪的反应,但见他听得津津有味,并没有要结束谈话的意思,于是又谈了用人行政以及各种学会、开发民智激励民气、招抚会党等事,介绍了他编著各书的情况。过了许久,光绪才点点头说:"你下去歇歇吧。"又要求康有为:"你还有什么建议,可以写成奏折递上来。"康有为告辞离开时,光绪犹恋恋不舍地目送他出去。

这次召对时间长达两个半小时,用康有为的话说,是"从来所少有也"。

这次谈话不但使康有为激动万分,也使光绪兴奋不已。"与君一席话,胜读十年书"。康有为的一番宏论,使光绪提高了对变法的认识,同时也使他觉得如有康有为这样的人才在身边来辅佐自己,君臣就会如鱼得水,因此,想给康有为一个较高的官职。但他也深知慈禧太后和守旧大臣对康有为十分嫉恨,如果骤予提拔,上怕慈禧太后不容,下恐群臣猜忌,所以,召见结束后,他马上召集军机大臣会议,商议如何安置康有为,其用意显然是要重用康有为。廖寿恒本来想请求赏给康有为五品卿衔,但是荣禄已先告诉刚毅不要同意赏给康有为官职,应该给他一个"微差"以折侮他。因此,当光绪问该如何安置康有为时,位置排在前面的刚毅抢先提出让康有为在总理衙门章京上行走,光绪无奈,只好同意。当天即传旨命康有为在总理衙门章京上行走。"章京"为满语译音,这里指总理衙门内一个相当于今日科处级的普通官员,虽有一定的地位,但是离光绪和康有为的期望相差甚远。这样一来，康有为还是六品芝麻官，这样的官当然没有资格常见皇帝，况且光绪和他中间隔的是满朝的后党干将和守旧大臣。

康有为本来对被重用寄予很大希望，认为即使不给高官，总可以被召进宫给皇帝当顾问，没想到却是这样一个结果，他大失所望，觉得慈禧把持大权，变法希望渺茫，准备束装南下，一走了之。正在这时，6月21日，光绪下旨准许康有为专折奏事，这又使康有为重新燃起了希望。想到自己"以主事召见，已为咸丰以来四十余年未有之创举，若以主事专折奏事，尤为国朝旷典所无"。他深知光绪的难处，更深知光绪对他殷切的期望，于是决定留下来帮助光绪筹划变法大计。自此，康有为利用专折奏事的权力，频频上书，向光绪奏陈他的各项新政建议，积极为光绪推行新法出谋献策。同时，他还先后编纂进呈了《突厥消弱记》、《波兰分灭记》、《列国政要比较表》等书，并把早年著的《孔子改制考》修改呈上，供光绪借鉴各国的经验教训，指导自己的变法行动。

光绪想重用康有为没有办到，而他倚为左膀右臂的师傅翁同龢，已迫于慈禧之命于光绪召见康有为的前一日被革职驱逐回江苏常熟原籍。光绪环顾左右，顿感形单影只。但是他毕竟是一国之君，毕竟有慈禧太后不禁他办事的许诺，毕竟有康有为给他出谋划策，毕竟还有一些支持维新的帝党官僚，况且已经颁布了《明定国是诏》，现在已经是有进无退了。于是，他鼓起勇气，接连发布维新诏旨。同时，他并没有放弃选拔任用自己"一朝臣"的努力。8月间，发生了礼部主事王照上书被礼部尚书怀塔布、许应骙等阻挠一事，光绪借机于9月4日把守旧的怀塔布、许应骙等礼部六堂官（各部长官通称"堂官"，包括管部的大学士、尚书、侍郎，其属官则称为"司官"，如郎中、主事等）全部革职，而派支持维新变法的李端棻（梁启超的妻兄）、徐致靖、阔普通武、王锡藩等分别为礼部尚书和侍郎。

9月5日，光绪又下令当时任内阁侍读学士的杨锐、刑部候补主事刘光第、内阁候补中书林旭、江苏候补知府谭嗣同四人均赏加四品卿衔，在军机章京上行走，参与新政事宜，被称为"军机四卿"或"四小军机"。这四人中，谭嗣同是众所周知的维新志士，林旭是康有为的学生，也是维新派人士。杨锐是张之洞的门生，曾参加强学会和蜀学会，他参与新政是出于湖南巡抚陈宝箴的推荐，但他是张之洞的代表。刘光第亦为陈宝箴所荐，曾参加保国会，自称无新旧畛域之见。军机四卿虽然职位不高，但是他们所处的地位重要，"所有新政奏折，皆令阅看，谕旨皆特令撰拟"，取得了阅看内外臣工奏折和为光绪起草谕旨的权力，"此后新政，皆四人行之"，那班守旧大臣的权力被夺，横在光绪和康有为之间的壁垒被推倒，"皇上有所询问于康，则命四卿传旨，康有为所陈奏，亦由四卿密陈，不复有总署大臣矣"。由于军机四卿架空了军机大臣和总理衙门大臣，因而被时人目为"宰相"。

军机四卿的擢用，标志着变法权力机构的形成，这也就是光绪帝这"一朝天子"的"一朝臣"了。可惜的是,半个月后就发生了政变,在整个百日维新期间,军机四卿事实上并没有发挥太大的作用。

6 新政上谕如雪飞

诏定国是后,光绪根据康有为和其他臣工的建议,连续发布维新诏旨,从6月11日(农历四月二十三日)颁布《明定国是诏》,到9月21日(农历八月初六日)政变发生时止,在短短103天时间内,光绪撇开军机处和总理衙门,雷厉风行,新政叠颁,发布了200多件新政上谕,内容涉及政治、经济、军事、文教各方面,既有布新,也有除旧。概括讲,政治上提倡广开言路,鼓励官民上书言事,体现出了一定程度的民主政治;经济上提倡发展工农商各业,提倡民办企业,反映了在中国发展资本主义的要求;文教上则宣布废除八股,创办新式学校,鼓励发明创造(见下表)。

百日维新期间"除旧"、"布新"上谕一览表

类别	除旧方面	布新方面	时间(1898)
政治方面		诏定国是。	6.11
		命各省督抚酌保通达之使才。	6.11
		诏选宗室王公游历各国。	6.11
	命各部院衙门删去旧例,另定简明则例。		7.29

续表

类别	除旧方面	布新方面	时间(1898)
政治方面		命大小臣工各抒说论,以备采择。	8.2
		命理藩院督饬所派司员迅速删定则例。	8.10
	命理藩院督饬所派司员迅速删定则例。		8.14
	命各衙门将办理删定则例情形先行具奏。		8.24
	命大小臣工除去蒙蔽痼习,议奏事件,不准延搁逾限。		8.27
	诏裁詹事府、通政司、光禄寺、鸿胪寺、太常寺、太仆寺、大理寺等衙门,裁撤湖北、广东、云南三省巡抚,东河总督及不办运务之粮道,仅管疏销之盐道暨佐贰之无地方责者,均著裁汰。		8.30
	严禁地方胥吏扰民。		8.30
	命吏部、户部督饬司员,悉心删定则例,务极简明。		9.1
	谕饬詹事府等已裁衙门一切事宜,归并六部。		9.1
	命各衙门按照吏部、户部删定则例情形,悉心编辑。		9.2
		命遇有士民上书言事,都察院毋庸拆阅,亦不得稽压。	9.2
		诏各省督抚访查"通达时务,勤政爱民之员",随时保送引见。	9.7

99

续表

类别	除旧方面	布新方面	时间（1898）
政治方面		命于铁路矿务总局、农工商总局酌插各衙门裁缺人员。	9.8
		命各衙门呈请代递之件，随到随呈，不必拘定值日期限。	9.9
		命从速筹办已裁及候补各员录用或回籍办法。	9.10
		再谕改行新政之意。命将"定国是"后有关新政谕旨迅速照录，切实开导。	9.12
		决心开懋勤殿以议新政。	9.13
		重谕各官员一律得应诏言事。	9.13
		诏许旗人经营商业。	9.14
		命出使大臣选择侨民中之著名可用者征送回国，以备任使。	9.16
	谕各督抚不得滥保州县等官。		
经济方面		命各省整顿商务，在各省会筹办商务局。	6.12
		饬盛宣怀赶办芦汉铁路，并命承办各员迅速开办粤汉、沪宁各路。	6.26
		命地方官振兴农业，兼采中西各法。	7.4
		奖赏士民创作新法，准其专利售卖，有能开辟地利、兴造枪炮厂者给予特赏。	7.5

100

续表

类别	除旧方面	布新方面	时间（1898）
经济方面		颁布《振兴工艺给奖章程》12款。	7.13
		命刘坤一、张之洞试办商务局,先就沿海、沿江如上海、汉口一带设厂兴工,并将如何设立商务、商会各端,迅速奏闻。	7.25
		命各省督抚认真劝导绅民,发展农政工艺,并优奖创制新法者。	8.2
		谕于京师专设矿务铁路总局。	8.2
		命沿江、沿海、沿边各地商贾辐辏之处,广开口岸,以图商务流通。	8.10
		京师设立农工商总局。	8.21
		命刘坤一、张之洞迅速在上海、汉口试办商务局。	8.29
		命各省切实劝办农业。	8.30
		命端方认真筹办农工商总局。	8.31
		命各省迅设农工商分局制造机器。	9.8
		命胡燏棻筹款勘办京西运销铁路。	9.10
		命于京师及各通商口岸广设邮政分局。	9.12
		命各省试办农务,并命产茶、产丝各省,妥议振兴丝茶章程。	9.13
		命两江、湖广、浙江各督抚,清查各卫所屯田数目,详定征税办法。	9.14

续表

类别	除旧方面	布新方面	时间(1898)
经济方面		诏编预算,命户部将每年出入款分门列表、按月刊报。	9.16
军事方面		命各省陆军改练洋操。	6.19
		通饬各处八旗、汉军、炮军、藤牌营等,改习洋操,新法练军。	7.9
	命各省切实裁兵练军,力行保甲,整顿厘金。		7.15
		命各省力筹拨款,以添设海军,筹造兵轮。	7.28
		命陈宝箴、刘坤一在湘购机建厂,制造快枪、子弹,并准湘省用西法炼铜。	8.5
		命各省限三个月内,广东、广西限一个月内,将筹办团练情况复奏。	9.5
		命张之洞在鄂省筹度民团,试办矿团、农团、岭团、滩团、堤团、客团六事。	9.11
文教方面		命总署议奏南北洋设立矿学学堂	6.20
		诏自下科为始,乡会试及生童岁科各试,一律改试策论。	6.23
		将上海译书局改为官督商办。	6.28
		创设京师大学堂,官书局及译书局均入大学堂。	7.3
		命各省学堂广译外洋农务书籍。	7.4

续表

类别	除旧方面	布新方面	时间(1898)
文教方面		奖赏士民著作及创作新法,有能创建学堂者予以特赏。	7.5
	命嗣后一切考试,均著毋庸用五言八韵诗。		7.6
		谕改各地书院为兼习中学、西学之学校;民间祠庙之不在祀典者,由地方官晓谕,改为学堂。	7.10
		诏举经济特科,命省省长官各举所知,保荐人才,于三个月内送京,然后定期举行。	7.13
	公布科举章程,命此后一切考试,均以讲求实学、实政为主,不得凭楷法取士。		7.19
	谕变通科举,嗣后一经殿试,即可量为授职,并停止朝考一场。		7.21
		颁发张之洞所撰《劝学篇》。	7.25
		改《时务报》为官报,派康有为督办其事。	7.26
		命各省兴办中、小学堂。	7.29
		诏开经济特科,严禁滥保,不得瞻徇情面。	7.30
		命京城劝办小学堂,俾京外举、贡、生、监等一体入学,以备升入大学堂。	8.4
		命筹议铁路矿务等专门学堂。	8.10

续表

类别	除旧方面	布新方面	时间（1898）
文教方面		命南北洋大臣及沿海督抚妥议海军学堂事宜。	8.10
		命各省挑选学生赴日本留学。	8.18
	废朝考之制，一切考试诗赋概行停罢，亦不凭楷法取士。		8.19
		命各省迅办学堂。	8.19
		奖进绅富之有田业者，在省府州县皆立农务学堂；工学、商学事宜，亦著一体认真督办。	8.21
		命各驻外使节劝导华侨创办学堂，兼译中西文章。	8.21
		命荣禄在直隶赶办中小学堂。	8.22
		准设立编译学堂于上海。	8.26
		命孙家鼐详拟设立医学堂办法进呈。	9.9
		命各通商口岸及出产丝、茶各省，筹设茶务学堂、蚕桑公院。	9.11
		将江阴南菁书院改为高等学堂。	9.12
		准在京师筹设报馆。	9.12
		在京师设立首善中学堂。	9.19

※据汤志钧著《戊戌变法史》（2003年修订本，上海社会科学院出版社），稍作修订。

五 伏尸名士贱，称疾诏书哀
——戊戌政变，变法失败

1 各不相让的争斗

维新变法是一场更张法度、改变传统的运动，必然遭到依恋旧物、恪守祖制的守旧分子的反对；维新变法的每一项变革措施都或多或少地触动了某些人的利益，也就必然会遭到在旧体制下既得利益者的反对；维新变法是以光绪帝为首的帝党联合以康有为为首的资产阶级维新派掀起的一场运动，当然也必然遭到以慈禧太后为首的后党的压制和反对。随着维新变法运动进入高潮，新旧两派、帝后两党的斗争也愈益激烈。在这场斗争中，随着帝党和维新派合流成为一股政治势力，所有的守旧分子和既得利益者便自然都聚集在后党的旗帜下。新旧斗争和帝后党争交织在一起，两派势同水火，各不相让，展开了激烈的明争暗斗。

慈禧在答应"不禁皇上办事"后，便做好了采取措施削弱和控制帝党的准备。光绪颁布《明定国是诏》后四天，召见康有为前一天，即6月15日，光绪到颐

和园向慈禧"请安"时,慈禧拿出事先准备好的三件上谕,强迫光绪以朱谕发布。这三道上谕是:

命王文韶迅速来京陛见,以荣禄暂署直隶总督,统率董福祥的甘军、聂士成的武毅军、袁世凯的新建陆军等北洋三军;

嗣后在廷臣工如蒙慈禧太后赏加品级及补授满汉侍郎以上各官,均著具折恭诣皇太后前谢恩,各省将军都统督抚等官,亦著一体具折奏谢;

协办大学士户部尚书翁同龢,近来办事都未允洽,以致众情不服,屡经有人参奏。且每于召对时,咨询之事,任意可否,喜怒无常,辞色渐露,实属狂妄任性,断难胜枢机之任。本应查明究办,予以重惩,姑念其在毓庆宫行走有年,不加严谴,翁同龢著即开缺回籍,以示保全。

这三道朱谕的确重要,而且十分重要。

王文韶和荣禄均为后党官僚,尤其荣禄是慈禧的心腹干将。8天后,在任命王文韶为户部尚书、军机大臣上行走和总理衙门行走取代翁同龢的位置的同时,又实授荣禄为直隶总督兼北洋大臣。直隶总督兼北洋大臣是当时地方督抚中最有势力者,被称为"疆臣领袖",手中掌握着董福祥的甘军、聂士成的武毅军和袁世凯的新建陆军三支当时北方最主要的军队。荣禄于是"身兼将相,权倾举朝"。这样一来,后党就掌握了军权、财权和人事权。

慈禧归政光绪以后,照例已经不再召见臣工,现在却下令要新授二品以上大员具折到她面前谢恩,目的是把用人大权抓在自己手里，使这些官员效忠于她，同时也使光绪无法破格任用维新派人士。

翁同龢是帝党的中坚，是光绪的左膀右臂，早为慈禧和后党所忌。还在1896年2月，慈禧就迫令光绪撤去了翁同龢毓庆宫（皇帝读书的地方）上书房差事，使他失去了与光绪"造膝独对"的机会。现在则干脆将其撤职，驱逐回原籍常熟。至于理由，欲加之罪，何患无辞，在后党眼中，翁同龢支持光绪变法，君臣两人经常在一起讨论变法事宜，当然是"办事都未允洽"，后党官僚当然"不服"。而召对时的"狂妄任性"则是莫须有的罪名，因为翁同龢是光绪20多年的师傅，君臣两人"交谊最深，倚为生命"。当时就有人指出，上谕指责翁同龢"狂妄任性"的种种表现都是翁同龢之于恭亲王奕䜣，而翁同龢之所以对奕䜣如此，是因为奕䜣处处站在后党一边，阻挠变法。

后党的这一次突然袭击，对光绪、翁同龢以及康有为等维新派是致命的一击，无异于晴天霹雳。光绪吓得"惊魂万里，涕泪千行，竟日不食"，悲痛万分。变法才刚刚开始，便遭此大难，一下子使变法陷入了极大的困境。第二天光绪召见康有为时，荣禄之所以在朝房中对康有为肆行揶揄嘲讽，康有为之所以愤然作色，光绪与康有为君臣二人之所以谈得如此投机，恐怕都与此事有关。

开制度局是康有为最重要的变法主张。光绪深知此事关系重大，料定慈禧太后必不同意，但他又不敢"断然行之"。6月19日康有为再次上折请于宫中开制度新局，于是光绪下令总理衙门大臣妥议具奏，希望总理衙门能够同意，以表明这不只是他和康有为的"私见"。奕劻暗将此事报告慈禧，表示不能同意。慈禧"谕以既不可行之事，只管议驳"。有了慈禧的支持，奕劻等乃于7月2日复奏，对康折逐条驳斥，强调祖宗之制不能变也不必变。光绪览奏大怒，7月4日下令总理衙门再议，并特意召见总理衙门大臣中支持变法的张荫桓，责成他力排众议，企图压总理衙门同意。亦劻等却耍了个花招，请派王大臣会同议奏，光绪只得同意，于13日诏命军机大臣会同总理衙门大臣切实筹议具奏，意在必行。军机大臣意识到"开制度局是废我军机也"，因而坚决反对，扬言"我宁忤旨而已，（制度局）必不可开"。王文韶老奸巨猾，献计说："皇上主意已定，必从康有为之言，如果我们全给驳了，会逼得皇上明发上谕，那时候我们可就没权了，不如略为敷衍而行之。"改公开对抗为暗中对抗，既可无对抗之名，又可达抗拒之实。于是，军机大臣会同总理衙门大臣拖到8月2日才上折复奏，提出制度局的变通办法："皇上延见廷臣，于部院卿贰中，如有灼知其才识，深信其忠诚者，宜予随时召对，参酌大政。其翰林院、詹事府、都察院值日之日，应轮派讲、读、编、检八人，中赞二人，科道四人，随同到班，听候随时召见，考以政治，藉可觇其人之学识气度，以备任使。"这就把康有为要光绪妙选天下英才、讨论新政、制定决策的建议，变通成为选用朝廷内封建文人学士及翰詹科道等官员，临时召对，进行考察，了解其学识，以作用人的参考。从性质到作用，此一变通办法与康有为的要求不啻天壤之别。康有为开制度局的建议就这样化成了泡影。

康有为也预见到开制度局可能会因守旧大臣的反对而不会成功，因而在8月2日军机大臣会同总理衙门大臣递上否定开制度局的建议的奏折之前，他即已与梁启超等维新派人士策划在内廷开懋勤殿。

懋勤殿是位于紫禁城内乾清宫西侧的一座殿宇，是历代皇帝"燕居念典"的地方，许久以来很少使用。乾清宫是清代皇帝处理政务的地方，前朝皇帝曾在懋勤殿召见小臣。康有为以为制度局是外来名词，易遭受守旧大臣的反对，而开懋勤殿在清代历史上曾有先例，故而用开懋勤殿代替开制度局，其实二者并无实质的不同，都是要光绪任用维新派人士，讨论决策变法事宜。

7月24日，李端棻递上了由梁启超起草的请求开懋勤殿的奏折，光绪很是重视，下令奕劻、孙家鼐会同军机大臣议复。奕劻、孙家鼐在复奏中并没有正面否定李端棻的建议，但是，在建议皇帝选拔人才充顾问时，强调一要严君子小人之辨，二要采取"乡评"的办法。在守旧派看来，康有为等维新派是狂乱悖逆的小人，如果采用"乡评"的办法，由守旧派去为皇帝选择顾问，康有为等维新派人士显然是不够资格的。这样一来，开懋勤殿一事也就被搁浅。

但是，康有为并未放弃努力，又为宋伯鲁等人草拟了《选通才以备顾问折》于9月13日递上，敦促光绪开懋勤殿，并推荐黄遵宪、梁启超二人。第二天午后，康有为见到王照和徐致靖，告诉他们："谭复生（嗣同）请皇上开懋勤殿，用顾问官十人，业已商定，但是须由外廷推荐，请你们二人分别推荐这十个人。"随即开出了十个人的名单。王照说："我今天要上一个重要的折子，无暇及此。"康有为说："皇上业已说定，今夜要见荐折，此折最要紧，你的折子暂搁一日，明日再上如何？"于是，王照乃与徐致靖分拟荐折，推荐了康有为、梁启超等十人。其实，康有为的话是值得怀疑的，因为按照清制，像谭嗣同这样的一般官员没有特旨是不能觐见皇帝的，现在还没有发现可靠的史料证明光绪这时召见了谭嗣同，王照也认为康有为所说"皇上业已说定"一事是假的。

在康有为幕后策动下，宋伯鲁、徐致靖、王照三人一齐奏请开懋勤殿，并提出具体的人选，这是维新派为争取议政参政所做的最后一次努力。光绪对此也意在必行，下令谭嗣同拟旨，并说康熙、乾隆、咸丰三朝都有开懋勤殿的先例，让内监捧出三朝圣训，交由谭嗣同查检，想以先朝的事例为根据，请求慈禧同意开懋勤殿。9月14日，光绪赴颐和园，向慈禧提出了"蓄心多日"的开懋勤殿一事，慈禧听后"不答，神色异常"，光绪"惧而未敢申说"。此举使新旧两党的矛盾急剧激化，光绪深感悚惧，第二天赶回紫禁城，召见杨锐，向维新派发出了告急求救的密诏。这时离政变只有4天时间了。维新派开懋勤殿的要求终于没能实现。

"许天下人上书"是康有为的另一项重要建议。允许天下人上书,可以集思广益,推动维新变法的顺利进行。但是,这同时也会打乱等级森严的封建秩序,打破少数人的特权,而且势必大大增加有关部门的工作量,并把他们卷进新旧斗争的漩涡中,因此,这同样遭到了守旧势力的阻挠。

诏定国是后的8月2日,光绪明降谕旨,下令各部院官员的上书由各部院堂官代奏,士民上书由都察院代呈,不许"拘牵忌讳,稍有阻格"。但是,各衙门并没有轻易让步,积极配合,而是对上书百般刁难,不愿代为递呈。新旧两派围绕这个问题也展开了斗争,其中最重要的是礼部堂官阻挠礼部主事王照上书一案。王照于8月间上书,请光绪帝奉太后游历日本及各国,并请尊孔教为国教,设立教部。礼部尚书怀塔布、许应骙不为代递,尤其对要求皇帝"巡历中外"的建议大表反对。王照坚请代呈,说"准与不准,出自圣裁",对怀塔布等人不为代递十分不满。怀塔布等仍不为代递。于是,王照上书弹劾堂官公然违旨阻挠上书,并扬言要到都察院呈递上书。在这种情况下,怀塔布等不得已答应上奏,但同时又弹劾王照"咆哮署堂,借端挟制",并说日本多刺客,王照请皇上游历日本是欲"置皇上于险地",居心叵测,请严加惩治。

光绪对守旧大臣压制上书本已十分恼火,见此奏大为震怒,下令将怀塔布等人交吏部议处;同时下令,此后各衙门如有上书,原封递进,各部堂官不必拆看,"倘有阻格,即以违旨惩处"。

9月4日,徐桐等复奏称,怀塔布等礼部六堂官,按律以应奏而不奏者以私罪降三级调用,这是有意庇护怀塔布等人过关。光绪见状更怒不可遏,当即亲自书写朱谕,严厉指责怀塔布等人对王照的上书故意阻挠,"岂以朕之谕旨为不足遵也"?表示"若不予以严惩,无以儆戒将来",下令将礼部尚书怀塔布、许应骙、左侍郎堃岫、署左侍郎徐会沣、右侍郎溥颋、署右侍郎曾广汉全部革职,并表彰王照"不畏强御,勇猛可嘉",赏给三品顶戴,以四品京堂候补,以资鼓励。

罢黜礼部六堂官一事引起了极大的震动,因为按律本可以不给这么重的处分,而且是不分主次轻重将6个人一下子尽行革职,这是少见的严惩。这一事件的发生,大大加剧了新旧两党的矛盾和冲突。维新派及其支持者扬眉吐气,大受鼓舞,"举朝皆知上意所在,望风而靡",从此言路大开,而守旧官僚则"初而震恐,继而切齿",纷纷跑到慈禧面前哭诉,请她马上出面制止变法,半个月后即发生了政变。

当然,新旧两派之间的冲突和斗争远不止这些。可以说,在每一项新政的背后,都有两派间或明或暗或大或小的斗争。随着变法的进行,斗争愈益激烈,终于到了你死我活,甚至兵戎相见的白热化程度。

2 秀才们想动武

百日维新期间,虽然慈禧名义上"不禁皇上办事",但实际上正如她自己所说的:"我虽人在颐和园,而心时时在朝中也。"时刻没有放松对光绪的监督和控制,光绪不过是由一个完全的傀儡变成半傀儡,即有了单独召见臣工、名义上单独发布上谕等权力,但是一切重大问题仍必须先请命慈禧而后行。因此,光绪每隔几天就到颐和园去请安,少则住两三天,多则住四五天,慈禧也偶而回宫住几天。据统计,百日维新期间,光绪共到颐和园"请安"12次,共住43天,慈禧还宫3次,住16天,母子二人在一起的时间超过50天。慈禧控制光绪干涉变法的情况,档案中虽然没有丝毫记载,但是却可以从光绪发布重要上谕和他赴园"请安"的时间之间的"巧合"看出来:光绪6月9日赴园,11日发布《明定国是诏》;14日第二次赴园,15日发布荣禄署直隶总督、新授职二品以上大员恭诣慈禧面前谢恩、翁同龢开缺回籍等上谕;22日第三次赴园,同日发布废八股改策论上谕;7月2日第四次赴园,3日发布成立京师大学堂上谕……

康有为等维新派心里十分明白,新政之所以不能顺利推行,关键是慈禧在挡道,而慈禧的下面是众多的守旧大臣和后党官僚,其中最为重要的是掌握着军权的荣禄。随着时间的推移,他们越来越认识到,如果不铲除荣禄并使光绪摆脱慈禧的控制,维新变法就没有成功的希望,因而萌生了以武力解决问题的念头,这一念头最终成为他们的决策则由天津阅兵风闻引起。

百日维新期间,光绪与慈禧有去天津阅兵的计划。关于阅兵的上谕有两次,一次发布于6月15日,即发布荣禄署直隶总督、翁同龢开缺回籍等上谕的同一天，另一次发布于8月24日，对阅兵计划作出了具体的安排。从这两道上谕看，看不出阅兵之外的图谋。但是，由于这一计划颁布于百日维新期间，正是帝后两党、新旧两派斗争激烈的时候，因而引起后党要以天津阅兵为机，发动政变，废掉光绪帝的传闻，一时谣言四起，康有为、梁启超等更是信以为真，深以为忧。为了保护光绪帝，他们认为必须在京津一带掌握一部分军队。当时，京津一带驻扎有聂士成的武毅军、董福祥的甘军和袁世凯的新建陆军，都归荣禄节制。康有为等人环顾北洋三军，经过比较，认为只有曾参加过强学会的袁世凯可以争取，"可救上者，只此一人"，因而决定争取袁世凯举兵勤王，发动政变，诛杀荣禄，包围颐和园，锢杀慈禧，使光绪掌握全权。

袁世凯（1859～1916），字慰亭，河南项城人。少年时读书不成，乃投入淮军将领吴长庆军中。袁世凯办事干练，深受吴长庆赏识，1882年，吴长庆奉调率军进驻朝鲜，袁世凯负责前敌营务处。在朝鲜期间，因协助朝鲜国王李熙镇压汉城兵变有功，被清政府奖叙五品同知衔，1885年，因李鸿章举荐而迁升三品道员，被任命为"驻朝总理交涉通商事宜"。1894年甲午战争爆发前夕，他请调回国。1895年以浙江温处道的身份开始在天津小站训练"新建陆军"，按照西方的军制和战术原则编练军队，这是近代中国最早的新式陆军。就在这一年，他认识了正在北京开始维新变法活动的康有为，并与康有为等人一起发起成立了强学会，还捐助白银500两，被康有为等视为"维新同志"。正因为如此，他成了康有为等极力争取的对象。

9月11日，康有为代徐致靖草拟《边患日亟，宜练重兵，密保统兵大员折》。康有为以"边患日亟"作掩护，保荐袁世凯，以免后党疑心，并请光绪召见袁世凯，"隆其位任，重其事权"。光绪接受了这个建议，当即电谕袁世凯速行来京陛见。9月16日，光绪在颐和园玉澜堂召见了袁世凯，详细询问了有关军事方面的情况。当天，光绪谕令袁世凯以侍郎候补，责成其专办练兵事务，将应办事宜随时专折具奏。第二天，袁世凯谢恩时，光绪又当面告诉他："人人都说你练的兵、办的学堂甚好，此后可与荣禄各办各事。"这是明确告诉他可以不再受荣禄的节制，可以独立行事，直接向皇帝负责，目的是剥夺荣禄的部分兵权。康有为听到袁世凯被破格重用的消息后，不禁拍案叫绝："天子真圣明，较我等所献之计尤觉隆重，袁必更喜而图报矣。"

但是，康有为们太天真了。具有丰富政治斗争经验的袁世凯，从突然地被召进京觐见皇帝，又莫明其妙地被破格提拔重用中，马上嗅出了其中的味道，意识到自己已经被卷进了帝后党争的漩涡，吓得"汗流浃背"。他反复权衡了帝后两党的实力，觉得还是投靠后党保险，下定了投靠后党的决心。

富有多年政治斗争经验的慈禧毕竟是靠政变起家的。百日维新甫经开始，她就通过任命荣禄为直隶总督、新任职大员恭诣谢恩和令翁同龢开缺回籍等措施，控制了军权和用人权，大大削弱了帝党力量，然后即静坐观变。百日维新初期，光绪的维新上谕主要限于文教和经济改革，因而她一般不加拦阻。随着变法的进行，新旧之间的矛盾日益激化，一些守旧大臣要求慈禧出面干涉，尤其是满族大臣中有许多官员跪请慈禧，恳求她禁止光绪推行新法，但是她只是"笑而不言"。有的官员一把鼻涕一把泪地一再乞求，她却笑着骂他们说："你们管这些闲事干什么？难道我见事还不如你们吗？"

随着变法的深化，光绪的维新上谕渐渐触及到了政治方面的改革，光绪争取一个皇帝的实际权力的意图也越来越明显了。从8月底开始，光绪"办理新政益振厉"。从8月30日到9月5日，6天时间内发布了裁撤机构裁汰冗员、罢斥礼部六堂官和擢用军机四卿等重要上谕，尤其是罢斥礼部六堂官一事事前未"请示"慈禧，这就超出了慈禧所能容忍的限度。但是慈禧仍然不动声色，只是在光绪赴颐和园"请安"时指责他说："九列重臣，非有大故，不可弃；今以远间亲、新间旧，徇一人而乱家法，祖宗谓我何？"清制，大臣没有重大的过失，不可予以严惩；各部尚书、侍郎满汉各半，且礼部六堂官均是旧臣，而王照是汉人、是新进小臣，光绪这样做是"以远间亲、新间旧"，即俗语所谓"胳膊肘向外拐"，因而慈禧抬出祖宗来指责光绪。

军机四卿的擢用是维新派和帝党的一次重大胜利，但这毕竟离变法的要求还有相当的距离，因此，康有为等人积极鼓动开懋勤殿。军机四卿的任用已经使军机大臣失去了部分权力,若再开懋勤殿聘请康有为等人作皇帝的顾问,势必将取代军机处,帝党和维新派将执掌大权,后党的权力将大大削弱乃至全部丧失,这是慈禧绝对不能容忍的。在光绪赴颐和园请求慈禧同意开懋勤殿的同一天,又发生了光绪召袁世凯进京和日本明治维新名臣、前内阁总理伊藤博文应康有为等之邀来京两件事。光绪召袁世凯进京陛见是要拉拢他,狡猾的慈禧一望就知。康有为等邀请伊藤博文来京是为了向他请教变法事宜,并准备请他作"客卿",协助光绪进行变法。许多官员纷纷奏请将伊藤博文留在北京,聘为"顾问官"。一时间,京师到处流传伊藤博文将入军机处,上自王公大臣,下至士庶百姓"皆言之凿凿"。庆亲王奕劻、端郡王载漪很痛切地对慈禧说:"伊藤已定初五日觐见,俟见,中国事机一泄,恐不复为太后有矣。"一语道破慈禧的心病。这连续发生的几件事,使慈禧大为恐慌,她感到不能再这样等下去了,于是下定决心发动政变。

因此,当光绪向慈禧提出开懋勤殿的问题时,慈禧不但"不答",而且"神色异常"。这回轮到光绪恐慌了,他"见太后神色迥异寻常,自知有变",于是第二天回宫后便召见了杨锐,交给杨锐一道密诏,称时局危迫,让杨锐找谭嗣同等想办法挽救危局,诏云:

> 近来朕仰窥皇太后圣意,不愿将法尽变,并不欲将此辈老谬昏庸之大臣罢黜,而用通达英勇

之人，令其议政，以为恐失人心。虽经朕累次降旨整饬，并且有随时几谏之事，但圣意坚定，终恐无济于事。即如十九日之朱谕（指罢斥礼部六堂官一事——作者），皇太后已以为过重，故不得不徐图之：此近来之实在为难之情形也。朕亦岂不知中国积弱不振，至于阽危，皆由此辈所误？但必欲朕一旦痛切降旨，将旧法尽变，而尽黜此辈昏庸之人，则朕之权力实有未足。果使如此，则朕位且不能保，何况其他？今朕问汝，可有何良策，俾旧法可以全变，将老谬昏庸之大臣尽行罢黜，而登进通达英勇之人令其议政，使中国转危为安，化弱为强，而又不致有拂圣意？尔其与林旭、刘光第、谭嗣同及诸同志等妥速筹商，密缮封奏，由军机大臣代递，候朕熟思，再行办理。朕实不胜十分焦急翘盼之至。特谕。

由密诏中可以看出，光绪是十分希望将那些守旧大臣尽行罢黜，而开制度局或懋勤殿以擢用维新人士的，无奈慈禧不准，他自己又"权力实有未足"，倘若置慈禧的意见于不顾，那么他自己的皇位都不能保，又遑论其他？光绪的难言苦衷跃然纸上，表露无遗。他希望维新诸人能筹一良策，既能达到他们的目的，又不违背慈禧的意旨，可惜这样的良策是没有的，但这说明光绪还在作最后的努力。

但是，还没等杨锐找康有为、谭嗣同等人筹商"良策"，17日光绪又公开发布上谕一道，命康有为迅速前往上海督办官报,"毋得迁延观望"。这时,康有为认为要想变法成功,首先必须铲除变法的最大障碍慈禧太后,于是找来梁启超、谭嗣同等商量办法,决定由谭嗣同夜访袁世凯,劝他举兵勤王。

18日深夜,谭嗣同来到袁世凯在北京下榻的法华寺。谭嗣同的突然夜访,使袁世凯暗吃一惊,知道事关机密,于是屏去从人,只留心腹幕僚徐世昌陪伴,将谭嗣同延入内室,略经寒暄,谭嗣同即劈头问袁世凯:"你以为皇上是什么样的人?"

袁世凯不明所以,只好回答说:"是旷代圣主。"

谭嗣同又问:"天津阅兵的阴谋你知道吗?"

袁世凯说:"知道,我已听说。"

这时,谭嗣同拿出光绪密诏的抄件,说:"今日可以救我圣主的,只有足下一人,你要想救就救",说着把手放在自己的脖子上,"你要不想救,就请到颐和园向太后告发我、杀我,这样你就可以得富贵了"。

袁世凯似乎觉得受了侮辱,正色厉声说:"你把我袁某看成什么人了?皇上是我们共同的圣主,我和足下都受到皇上非同一般的重用,救护皇上的责任不只是你一个人的,需要我做什么只管吩咐。"

于是,谭嗣同把早已商定的计划和盘托了出来:"荣禄的密谋,全在天津阅兵之举,足下和董福祥、聂士成三支军队都受荣禄节制。三军之中,足下的军队是最强大的,如果事变突起,足下以一军抗击那两军,保护圣主,恢复大权,清君侧,肃宫廷,指挥若定,这是举世无双的勋业呀。"具体要求是:先在天津诛杀荣禄，然后率兵进京，一半围颐和园，一半守宫。

袁世凯闻听此言，魂飞天外，因为当天他已经得到消息，荣禄已调聂军驻守天津陈家沟，董军已经进京，知道荣禄已有准备，并且荣禄还直接指挥他的军队，下令袁军各营整备听调。现在谭嗣同让他举兵勤王，无异以卵击石。但袁世凯狡猾多端，马上镇静下来，说："如果皇上于阅兵时疾驰入我军营，传号令以诛除奸贼，我必能从诸君子之后，竭死力以挽危局。"

谭嗣同仍不放心，问袁世凯："荣禄待足下一直很厚，足下何以待之？"

袁世凯笑而不语，在一旁的幕僚徐世昌插话说："荣贼并不是推心置腹地待慰帅（袁字慰亭），过去曾有人提出扩大慰帅的军队，荣禄却说：'汉人不可以给大兵权。'他对慰帅不过是笼络而已。"他并举荣禄唆使手下人弹劾袁世凯而他却出面替袁昭雪一事予以说明。

谭嗣同便说："荣禄乃是操莽（曹操、王莽）之才，绝世之雄，对付他恐怕不太容易。"

袁世凯听谭嗣同这么说，感觉受了极大的侮辱，怒目圆睁，说："如果皇上在我的军营，杀荣禄就跟杀一条狗一样。"

谭嗣同见袁世凯态度明朗坚决，便与他详细商量具体行动方案。袁世凯本已决心投靠后党，所以便找理由申述自己的难处，说在天津住有很多外国人，杀总督会引起列强瓜分；又说北洋有宋庆、聂士成、董福祥军各四五万人，淮军、练军又有70多营，京内旗兵也不下数万，而自己只有7000人，如何能办此事？还说他的军队的粮械子弹均在天津荣禄手中，必须先将粮弹领足才能用兵。他请谭嗣同先回，容他熟思细想，布置半月二十天才能答复具体办法。

谭嗣同说："皇上很急，必须即刻定准一个办法，我才可复命。"再三催促袁世凯立即拿出具体的办法。

袁世凯见谭嗣同声色俱厉，而且腰间衣襟高起，好像藏有凶器，知道他今夜肯定不会空回，便保证"但能有益于君国，必当死生以之"。但他并没有答应立即起兵勤王。谭嗣同无奈，只得告辞。

同样令康有为、梁启超、谭嗣同们没有想到的是，就在他们这班没有一兵一卒的秀才们心急火燎地筹商营救光绪、欲挽狂澜于既倒的计划的时候，宫廷政变已在慈禧的一手主持下，悄悄地在颐和园发生了。

3 风云突变

9月18日（农历八月初三日），慈禧抓紧了宫廷政变的发动日程。

后党官僚、曾弹劾强学会的守旧分子杨崇伊于本日递上密折，吁恳慈禧即日训政。该密折虽以杨崇伊个人名义递上，实际上，它早在慈禧授意下，由后党的中坚分子荣禄和奕劻等共同炮制出来的，时间则在14日以前，只是专等18日才由杨崇伊出面递上。

慈禧看到杨崇伊恳请训政的密折后，立即采取行动,剥夺了光绪独立决定和处理政务的权力,并切断了他与外界的联系。百日维新期间,光绪除在重大问题上要事先请示慈禧之外,对一般新政事宜和日常政务可以自己做主先行处理,然后再将臣工的奏折和他的办理情况向慈禧汇报,所以18日以前的《上谕档》一直有对臣工奏折"均俟分别办理后,再行陆续恭呈慈览"的记载。而18日开始,《上谕档》上记的却成了对臣工的奏折"均签拟办法,恭呈慈览,俟发下后再行办理",表明光绪已无权单独作出决定了。据记载,从18日到20日,光绪签拟了处理办法的奏折中认为可以交有关部门议行的有16件,都是关于办学堂、设保险公司、开办矿务、修浚河道、州县官应久任、考试部员、筹饷办团练等一般性的新政建议。在此前,光绪完全可以做主处理,现在却只能提出处理意见,向慈禧请示,由慈禧裁夺,而慈禧却一件也没有答复。与此相反,后党官僚如奕劻、徐桐等人的奏折,却毫无滞留,当日即谕令实行。一系列事实表明,光绪又由百日维新期间的半傀儡变回为原来的完全的傀儡了。

与此同时,光绪也失去了人身自由。17日他还能召见林旭,传出密诏,而从18日开始他再也不能召见维新诸臣,以致政变发生三天后,康有为、梁启超们还蒙在鼓里。

光绪召见并破格拔擢袁世凯,使慈禧及荣禄大为恐慌,深恐袁世凯为光绪所用,为了对付袁世凯,确保政变万无一失,慈禧下令荣禄和奕劻在这一天调兵遣将，严密布置。荣禄在这一天向总理衙门连发三封电报，伪称英国军舰突然入泊塘沽口内，制造紧张气氛，转移视听，为突然调动军队制造借口。同时，他又以此为理由，电令袁世凯回天津，并特派专人进京给袁世凯送信，令其即日回防，将其骗出北京，以免他与帝党联合。荣禄又急调聂士成军10营进驻天津陈家沟，切断天津到北京的通道，防止袁世凯调兵进京。荣禄还于同日传令袁世凯军各营整备听调，把袁世凯军置于他的直接控制之下。接着，他又调董福祥军进驻京南长辛店，其中一部分则由彰仪门进城，协助控制北京城。

同一天，奕劻奏请暂缓京师护军营秋操、暂缓骁骑营秋操，并大规模更换京师护军、骁骑营的军官，加强了对保卫京师的军队的控制。

通过这一番调兵遣将，后党牢牢掌握了军事上的主动权，保证了政变的顺利进行。

慈禧为什么选在18日紧锣密鼓地准备发动政变呢？这有两方面的原因：

一是光绪已经宣布9月20日接见伊藤博文，并于同日接受袁世凯请训。慈禧怕光绪接见伊藤时聘他为顾问，那样一来，伊藤就可以直接插手中国的内政，帝党和维新派就有了日本做靠山，这对她及整个后党是致命的威胁，后果不堪设想。同时，慈禧也怕光绪在袁世凯请训时命他出兵勤王，后党虽有足够的兵力对付袁军，但势必要引起动荡，增加政变的困难，还可能引起英、日出兵干涉，这对后党都是极为不利的。

鉴于此，必须赶在9月20日前作出最必要的安排。

二是光绪已经决定于9月18日由颐和园回宫。在此关键时刻，若让皇帝脱离慈禧本人的监督，无异于放虎归山，光绪很可能利用他发布上谕和召见臣工的权力，或发布聘请伊藤为顾问官的上谕，或命袁世凯举兵勤王，甚至干出其他什么给后党致命打击的事情来。因此，必须在光绪回宫之前秘密剥夺他的一切权力，切断他与外界的联系。

作了这些安排，慈禧并不放心。原定21日由颐和园回宫的慈禧提前于19日回宫。第二天，在她的监视下，光绪接见了伊藤博文和袁世凯。

袁世凯是一大早前来请训的。在谭嗣同夜访法华寺后，袁世凯认为若任谭嗣同等人照其计划行事，必至酿生大变，决定请训时在光绪面前"稍露词意，冀可补救"。请训时，袁世凯还不知道政变已秘密发生，仍照原来的想法，劝光绪说：古今各国变法都不容易，请忍耐待时，不要操之过急，免生流弊，并说变法关键在于得人，应任用真正明达时务老成持重的旧臣如张之洞者，至于新进诸臣，虽不乏明达猛勇之士，但是阅历太浅，办事不能缜密，倘有疏误，恐累及皇上，请皇上十分留意。袁世凯是话中有话的，光绪本是应该进一步追问的，但这时的光绪已是笼中之鸟，一切都已无用。因而，虽然光绪为之"动容"，但终于"无答谕"。

中午，光绪在勤政殿接见了伊藤。按照慈禧事先的安排，光绪的问答是照军机处起草、慈禧审定的

《伊藤问答节略》进行的,与光绪的初衷已大相径庭。伊藤不明就里,一开始就热情地对光绪说:"陛下近日变法自强,力图振作,将来中国富强之业可立而待,外臣不胜钦佩,此实东方盛事。"一下就切入了变法主题。没料到光绪却答非所问,像背台词似地说:"久闻贵侯大名,今得晤语,实为万幸。"接着又问了"贵侯于何日起程?""一路平安否?""贵国大皇帝想必玉体康健?"等客套话。中间好容易谈到"我中国近日正当维新之时,贵侯曾手创大业,必知其中利弊,请为朕详晰言之",却又不让他当面陈述,而是请他"与总署王大臣会晤时,将何者当兴,何者当革,笔之于书,以备观览",不过是表示对伊藤的尊敬而已。接着他又问伊藤:"拟在中国盘桓几时?""现拟再往何处?"接着便说:"朕愿贵侯一路平安。"于是端茶送客,伊藤只好告退。本应是一场具有重大意义的谈话就这样稀里糊涂结束了。

同日,光绪被囚禁于南海的瀛台,住在涵元殿。瀛台是南海中的一个小岛,只有一座小木桥与岸上相通,慈禧将光绪原有太监一律撤去,另派自己的心腹太监20名"随侍皇上"。从此,光绪在宫内时就在这儿度过了他的暗淡岁月,在颐和园则住在玉澜堂,慈禧命人于玉澜堂室内垒墙,封闭后门,让光绪明白自己的囚徒身份,以示折辱。砖墙至今犹存。

21日,慈禧盗用光绪的名义发布谕旨,宣布训政,实即公布宫廷政变的成功。谕旨先是说"现在国事艰难,庶务待理,朕勤劳宵旰,日综万机,兢业之余,时虞丛脞"，表示自己力不能及，继而颂扬慈禧自同治年间以来"两次垂帘听政，办理朝政，宏济时艰，无不尽美尽善"，因而，"再三吁恳慈恩训政"，今天终于"仰蒙俯如所请"。所谓"训政"，"训"即教导，是说皇帝没有能力单独处理政务，要由她慈禧太后代为听决政务。

同日，慈禧还以光绪名义发布谕旨，以"结党营私，莠言乱政"的罪名革去康有为工部候补主事之职，并下令捉拿康有为并其弟康广仁，交刑部按律治罪。康广仁即于当日被捕。

康有为接到光绪要他离京的密诏后，并未马上出走。谭嗣同夜访袁世凯时，他一夜坐立不安，不知袁世凯能否马上采取行动举兵勤王。次日早晨内城一开城门，他便迫不及待地入城打听消息，当他得知袁世凯不能立即举兵勤王的消息后，大失所望。他本还想利用与谭嗣同关系密切的湖南会党和大刀王五营救光绪，因为意见不统一，加之人数又太少，只得作罢。19日，康有为先拜访了李提摩太，请其马上找英国公使窦纳乐，不巧窦纳乐此时正在北戴河避暑，于是又去见伊藤博文，请其觐见慈禧时说服她回心转意。奔波了一天，却没有办成一件靠得住的事情。在这种情况下，他在把营救光绪的重任托付给谭嗣同、梁启超、康广仁等人后，于次日凌晨离开北京。这时，他还不知道政变已经发生。

当天黄昏，康有为到达天津塘沽，21日上午搭乘英国太古公司的"重庆号"轮船前往上海。这时，慈禧下达了捉拿他的命令,在北京搜查一天,没见他的踪影。22日早朝,慈禧获悉康有为已经离京,急电天津令荣禄严密查拿,令驻烟台和上海的地方官在轮船停靠时立即将康有为捕获。荣禄自天津派"飞鹰号"快艇迅速往追,其速度超过"重庆号"一倍,本可追上,但因管带(舰长)刘冠雄(后曾任北洋政府海军总长、海军总司令等职)声称煤尽而于中途折回。清廷捕杀康有为的密电到烟台时,恰巧登莱道李希杰因事去了胶州,随身带走了电报密码,留守的官员无法译出电旨内容。康有为并不知道大难已经临头,"重庆号"停靠烟台码头时,他还从容登岸游览了一番,并沿海滩捡拾了一袋彩色石头、买了一些梨带回船上。

  上海的情况就不同了。上海道蔡钧接到密电后,迅速洗印了康有为的照片分发给缉捕人员,并悬赏2000元,两江总督刘坤一也悬赏3000元,严查每艘到沪船只。蔡钧要求英国驻沪代总领事璧利南(Byron Brenan)准许他派人搜查自天津开来的所有英国轮船,遭到拒绝,只答应自派巡捕(警察)查缉,蔡钧只好将康有为的相片给他,请他配合。

  清廷下达捉拿康有为的命令后,尚在北京的梁启超等人哭求李提摩太,李提摩太乃致电璧利南,请其设法挽救。璧利南于是派工部局职员濮兰德(J. O. P. Bland)乘驳船前往吴淞口外去拦截"重庆号"。借着蔡钧的照片,濮兰德顺利地找到了康有为,向他出示了蔡钧抄录的拿杀康有为的电旨,然后告以来意,把他转移到了停泊在吴淞口外的另一艘英国轮船上,随后又转移到了香港,康有为就这样逃脱了清廷的魔掌。

梁启超则是在日本的帮助下脱逃的。21日,梁启超正在谭嗣同住处与之商量挽救光绪办法时,得到捉拿康有为和慈禧重新训政的消息,知道后党先动手了。根据日本驻华代理公使林权助的记述,这天下午两点,梁启超来到日本公使馆,"颜色苍白,漂浮着悲壮之气",说:"仆三日内即须赴市曹就死,愿有两事奉托",然后简单述说了当时的险峻形势,请林权助帮助"解皇帝之幽闭,使玉体安全,并救康有为氏",林权助答应帮忙,并劝他不必去送死,表示可以救他。梁启超听后暗暗落泪,但还是走了。到了晚上,公使馆门口突然一阵骚闹,梁启超飞快地跑了进来。林权助把他安置下来,然后去告诉了尚在北京的伊藤博文。据说,伊藤说:"这是做了件好事。救他吧!而且让他逃到日本去吧!到了日本,我帮助他。梁这个青年对于中国是珍贵的灵魂啊!"他们把梁启超交给从天津来的一个领事,在到达天津车站时被人发现后,躲逃到停在塘沽的日本军舰上。日本军舰这时已接到林权助的电报,于是把梁启超带到了日本。

除康有为、梁启超为英、日掩护出逃外,其他几个重要的维新人士如张荫桓、黄遵宪等,甚至光绪帝,也是由于英、日、美等国的干涉而免于一死的。英、日、美等之所以这样做,自然是别有用心的,那就是影响和干涉中国的内政,为他们的在华利益服务。

慈禧宣布训政后,马上训责了光绪。据记载,21日,慈禧召庆王、端王、军机大臣、御前大臣跪于案右，光绪跪于案左，并设竹杖于座前。慈禧疾声厉色，训斥光绪任意妄为，竟敢变乱家法，不用她多年历选的诸臣，而用康有为等人，真是昏聩至极，不肖乃尔！又指责各位大臣对皇上的任意妄为没有力谏。接着她又质问光绪："试问汝祖宗重？康有为重？背祖宗而行康法，何昏聩至此？"光绪哆哆嗦嗦地辩解说："是因自己糊涂。洋人逼迫太急，欲保存国脉，通融试用西法，并不敢听信康有为之法也。"见他辩解，慈禧大怒，厉声说："难道祖宗不如西法，鬼子反重于祖宗乎？康有为叛逆，图谋于我，汝不知乎？尚敢回护也！"光绪魂飞齿震，不知所对。慈禧又厉声追逼："汝知之乎？抑同谋乎？"光绪战栗着回答说："知道。"慈禧又问："既知道还不正法，反要放走？"光绪即说："拿杀。"随即有捉拿康有为的上谕。

22日，慈禧又单独训斥了光绪。

23日早朝，光绪率百官行礼，恭贺太后训政。这时，慈禧接到了袁世凯的告密，得知了康有为、谭嗣同欲围颐和园诛杀她的密谋，怒不可遏，第三次提讯光绪，追问此事。光绪"只得"把这事推到康有为、谭嗣同身上，洗刷自己，"否则立受廷杖矣"。

慈禧在得知了维新诸人的密谋后，立即采取了措施。24日，她下令将张荫桓、徐致靖、杨深秀、杨锐、林旭、谭嗣同、刘光第7人先行革职，交步军统领衙门拿解刑部审讯。杨深秀和张荫桓已于前一日被逮，林旭、杨锐于当日被逮，谭嗣同、徐致靖、刘光第则于25日被逮。

谭嗣同本来是可以逃脱的。得到政变和捉拿康有为的消息时，他正与梁启超在寓所筹商挽救之策。他从容地对梁启超说:"昔欲救皇上，既无可救，今欲救先生（指康有为），亦无可救，吾已无事可办，惟待死期耳！尽管这样，天下事知其不可而为之，足下试入日本使馆谒伊藤氏，请致电上海领事而救先生。"梁启超乃入日本使馆。谭嗣同在家整整一天没有出门，静等被捕，而捕者未至，于是拜访李提摩太，请其援救康有为。第二天，他来到日本使馆与梁启超相见，劝梁启超出逃日本，并把所著书及诗文稿本和家书一箱交付梁启超，托付后事。他对梁启超说:"不有行者无以图将来，不有死者无以酬圣主"，表示要与梁启超分任之。以后几天中，谭嗣同又联络大刀王五等侠士谋救光绪，但未成功。24日，日本使馆数人又劝他东逃日本，再三强之，谭嗣同不为所动，义无反顾地说:"各国变法，无不从流血而成。今中国未闻有因变法而流血者，此国之所以不昌也。有之，请自嗣同始。"终于25日被捕。在狱中，谭嗣同于墙壁上题诗一首:"望门投止思张俭，忍死须臾待杜根。我自横刀向天笑，去留肝胆两昆仑。"诗中张俭为东汉末年人，因为弹劾宦官侯览，被侯览反诬为结党营私，被迫逃亡。人们都很敬重他的声望品行，纷纷冒着危险接纳他。杜根为东汉安帝时郎中，因上书要求临朝听政的邓太后还政于皇帝，触怒太后，被装进口袋在殿上摔死，执法人手下留情，留其一命，并将其载出宫，后苏醒过来，邓太后派人探视，他装死三天，以致目中生蛆。

邓太后死后，复官为侍御史。在诗中，谭嗣同希望出走的康有为、梁启超能像张俭那样受到人们的保护，而把自己比作忍死的杜根，表示不论是"去"者还是"留"者都是光明磊落，肝胆相照，像昆仑山一样巍峨高大。尤其是"我自横刀向天笑"一句，表现了谭嗣同以身许国、慷慨赴死的豪迈气概和大无畏精神（近年对此诗另有新说，此处依旧说）。

28日，清政府未经审讯即将谭嗣同、康广仁、刘光第、林旭、杨锐、杨深秀6人在北京菜市口杀害，他们一个个威武不屈，慷慨就义，史称"戊戌六君子"。在刑场上，谭嗣同留下了气壮山河的绝命词："有心杀贼，无力回天，死得其所，快哉快哉！"

六君子中，谭嗣同和林旭是著名的维新人士，被杀是意料中事。康广仁先曾在澳门办《知新报》，百日维新期间，一直在北京作他哥哥的助手。他特别注重科举制度的改革。康有为被光绪召见后，踌躇满志，康广仁却认为慈禧和顽固势力太强大，而新政人才又极缺乏，因而力劝康有为早日离开北京，去上海或广东重新从事教育事业，培养维新人才，三年以后，再谋改革，但是康有为未听其言。光绪下达密诏后，康广仁劝康有为先行，他虽然知道事态已很严重，但仍以为后党发难当在天津阅兵之时，所以想竭尽全力，与谭嗣同等人力挽危局，以致被捕。在狱中，他"言笑自若，高歌声出金石"，视死如归，说："死则中国之强在此矣，死又何伤哉？"对维新变法的前途充满了希望。

杨深秀是御史，一向支持康有为等人的维新变法活动，多次代康有为上折言事。台谏中以他最为敢言，政变发生后，人人惊恐，他却上书诘问光绪帝被废之故，并援引古义，切陈国难，请慈禧撤帘归政。

刘光第为人刚直不阿，虽自称无畛域之见，但是与谭嗣同却十分相契。百日维新期间，曾有湖南顽固分子曾廉上书请杀康有为和梁启超，光绪命谭嗣同逐条驳斥。谭嗣同驳语有云："嗣同以百口保康梁之忠，若曾廉之言属实，臣嗣同请先坐罪。"刘光第见状，也署名："臣光第亦请先坐罪。"谭嗣同既敬且惊，刘光第说："即使没有皇上之命，亦当救志士，况有君命耶？我不能让你独为君子呀。"

杨锐本为张之洞弟子，因其为军机四卿之一，也被逮捕。张之洞闻讯，马上致电天津荣禄，请荣禄转奏，愿以百口保杨锐，但因清政府对六君子未经审讯即迅速杀害，张之洞未能将杨锐救下。

除六君子外，其他因参与维新活动而遭处分者还有多人，或逮捕，或革职，人各不同，举其要者如下：

张荫桓，曾两度出任驻外公使，百日维新期间，奉命管理京师矿务铁路总局，政变后被革职并遣戍新疆，义和团运动时期被慈禧下令杀于戍所。

李端棻，梁启超妻兄，原翰林院编修，对新政多所赞助，百日维新期间被擢为礼部尚书，政变后被革职并遣戍新疆。

徐致靖，原翰林院侍读学士，多次上书支持新政，百日维新期间擢为侍郎，曾派其侄徐仁录赴天津小站游说袁世凯，政变后被捕系狱。

徐仁铸，徐致靖之子，翰林院编修，湖南学政，帮助陈宝箴在湖南力行新政，政变后被革职。

徐仁镜，徐致靖之子，翰林院编修，革职。

王锡蕃，原詹事府少詹事，百日维新期间擢为礼部侍郎，政变后被革职永不叙用。

张元济，刑部主事，政变后被革职永不叙用。

王照，礼部主事，百日维新期间因反对礼部尚书怀塔布等阻挠其上书受到光绪表彰，政变后被革职拿办，遂逃往日本。

宋伯鲁，御史，支持维新变法，多次代康有为上书，政变后被革职缉拿，逃往上海后为英国驻沪领事营救。

李岳瑞，工部员外郎，总理衙门章京，政变后被革职永不叙用。

陈宝箴，湖南巡抚，在湖南力行新政，政变后被革职永不叙用。

陈三立，陈宝箴之子，进士，主事，在湖南赞助其父推行新政，政变后被革职。

江标，翰林院编修，任湖南学政期间襄助陈宝箴力行新政，政变后被革职永不叙用，并交地方官严加管束。

熊希龄，翰林院庶吉士，在湖南助陈宝箴推行新政，政变后被革职永不叙用，并交地方官严加管束。

慈禧在对维新派人士严加惩处的同时，还阴谋加害光绪。慈禧重新训政后，光绪料定她决不会轻易放过他，已做了死的准备，19日早朝时，他悲切地对军机大臣说："朕不自惜，死生听天，汝等肯激发天良，顾全祖宗基业，保全新政，朕死无憾。"慈禧为了加害光绪，放出风说光绪身患重病，25日以光绪名义发布上谕，说是"朕躬自四月以来，屡有不适，调治日久，尚无大效"，命内外臣工保荐"精通医理之人"。从此更大造光绪病重之谣，为加害光绪制造借口。有人问光绪病状，某大臣说："吾料断无病好之日。"又有人问某枢臣："皇上如此囚禁，倘太后千秋万岁后，再出来，更不好。"该枢臣即回答说："幸病已深，恐非药石可能奏效。"可见，慈禧已下定了杀害光绪的准备。只是由于列强的干涉，自派西方医生入宫诊病，说检查结果没有大病，慈禧才没敢在当时下手害死光绪。但终于在1908年11月她死前毒杀了光绪（现已证实光绪是中毒而死，慈禧是凶手的嫌疑最大）。

戊戌政变后，严复作《戊戌八月感事》诗一首，内有"伏尸名士贱，称疾诏书哀"句，前一句指六君子被杀，后一句即指光绪被迫颁发自己生病的诏书，借助有代表性的两件事，生动简洁地指出了百日维新的悲惨结局，表达了自己悲愤的心情。

百日维新被残酷地镇压了，帝党官僚和维新人士死的死，逃的逃，革职的革职，流放的流放，而后党官僚却弹冠相庆，复职者有之，升官者有之，亦举其要者如下：

9月25日，命荣禄即刻进京，直隶总督及北洋大臣事务著袁世凯暂行护理。

26日，甲午战争后被逐出总理衙门的后党官僚徐用仪重入总理衙门。

28日，命荣禄在军机大臣上行走，北洋各军仍归荣禄节制，次日又命荣禄管理兵部事务。

30日，任命百日维新期间被光绪罢斥的礼部尚书怀塔布为都察院左都御史兼总管内务府大臣。

随着帝党与维新派的被镇压和后党与顽固派的得势而来的，便是新政的废除和旧制的恢复。

9月26日，以光绪的名义发布了推翻新政恢复旧制的上谕。上谕称，筹办新政原是希望以此"为国家筹富强，为吾民筹生计"，但是"体察近日民情颇觉惶惑"，所以"不若仍悉其旧"。在这道上谕中，首先，恢复了中央政府中已决定裁并的詹事府、通政司、大理寺、光禄寺、太仆寺、鸿胪寺等几个本无多少事情可干的衙门，令其照常设立，不用裁并。其次，不再允许士民上书言事，说是"现在朝廷广开言路，内外臣工条陈时政者，苟言可采，无不立见施行"，而允许天下士民上书，则"疏章竞进，辄多摭拾浮词，雷同附合，甚至语涉荒诞，殊多庞杂"，因而决定，除了原有资格上书言事的官员，"其余不应奏事人员，概不准擅递封章，以符定制"。再次，名义上已归官办的《时务报》，被以"无裨治体，徒惑人心"的罪名勒令停办。最后，除京师大学堂等业已兴办之大学堂外，各府州县原议设立的小学堂是否建立"听民自便"，各省祠庙不在祀典者，若非淫祠，也一仍其旧，不再改为学堂，实际上就是下令全国停办一切新式学校。其他如通商、惠工、重农、育才等各项新政事宜，"其无裨时政而有碍治体者，均毋庸置议"。

10月9日，下令科举考试恢复原样，说什么"国家以四书文取士……二百年来，得人为盛。近来文风日陋，各省士子，往往剿袭雷同，毫无根柢，乃典试诸臣不能厘正文体之弊……试场献艺，不过为士子进身之阶。苟其人怀奇抱伟，虽沿用唐宋旧制，试以诗赋，亦未尝不可得人。设论说徒工，心术不正，虽日策以时务，亦适足长嚣竞之风"，因此，"用特明白宣示，嗣后乡试、会试及岁考、科考等，悉照旧制"，同时，百日维新期间被内外臣工推荐以为新政之用的"经济特科"被废止。在同一道谕旨中，原来在中央所设旨在提倡工商业及新式农业发展的农工商总局被裁撤。

其他各项新政也陆续被废除，一切又恢复了百日维新前的原样，硕果仅存的只有京师大学堂，还是因为"外洋各教习均已延订，势难中止，不能不勉强敷衍"。百日维新期间光绪和康有为们费尽心力取得的不多的成果就这样被以光绪名义发布的几道谕旨摧毁了。

六　丰厚的遗产
——维新变法运动失败原因及其意义

轰轰烈烈的维新变法运动失败了。慈禧一伙违背历史发展的潮流，倒行逆施，成了民族的千古罪人。而维新志士们站在时代潮流的前列，为了民族的振兴和国家的富强，登高疾呼，身体力行，并为此付出了血的代价，将流芳百世。

百日维新是维新变法运动的最高潮，它虽是昙花一现，却如一道耀眼的流星划破漆黑的夜空，在历史的长河中留下了不灭的光辉。它不仅给后人留下了深刻的教训，也影响了近代中国历史的进程。

惨痛的教训

维新变法运动之所以失败，固然是因为后党和守旧派势力强大。维新变法运动必然要触动传统的思想观念和社会秩序，必然要损害某些人的既得利益。在19世纪末的中国，传统的思想观念和社会秩序依然在社会生活中占据主导地位，这是那些既得利益者赖以生存的前提，而这些既得利益者大多是有着赫赫权势的当权派，为了维护其既得利益及其存在的前提，他们必然要拼死抗拒任何有损现状的改革，以慈禧为首的后党和顽固派正是如此。

然而，当时的阶级力量对比则是维新变法运动失败的根本原因。

众所周知，中国是一个有着两千多年地主土地所有制历史的农业大国，自给自足的自然经济在整个社会经济中始终占据主导地位。在外国资本主义和洋务运动的刺激下，中国的民族资本主义开始出现。从1869年中国第一家私人资本企业创办到1894年甲午战争前，私人资本企业发展到了50多家，但是这时中国民族资本主义还处于萌芽阶段，不仅企业数量少，规模小，设备简陋，技术落后，而且主要分布在沿海的几个通商口岸。

甲午战争后，随着列强对华资本输出的剧增，中国的自然经济进一步解体。同时，清政府在被迫允许外国资本在中国投资设厂后，也放松了对本国私人资本投资设厂的限制，客观上促进了民族资本主义的发展。甲午战争后民族资本主义得到进一步发展，从1895年到1898年三四年间私人资本企业又增加50多个，规模也有所扩大。

但是，与占主导地位的自然经济相比，这100多家私人资本企业实在是太微不足道了。而已走向腐朽没落的君主专制制度正是建立在自给自足的自然经济基础之上的。如果说，自然经济是一片汪洋大海，那么，这有限的资本主义成分充其量只是几滴水，因而无力改变当时社会经济的根本性质。

随着中国民族资本主义的初步发展，也产生了中国的民族资产阶级。与民族资本主义极不发达相伴而来的，必然是民族资产阶级的极不成熟，其表现就是，它刚刚登上历史舞台，还很软弱，它是在外国资本主义和本国封建势力夹缝中成长起来的一股新生力量，它与它们之间有矛盾，但也有千丝万缕的联系。作为一个阶级，它还没有形成完全统一的阶级意识。它的成分十分复杂，有的是由握有封建财富的地主、官僚和旧式商人投资于近代企业转化来的，他们与本国封建势力有密切的联系；有的是由发了财的买办投资于近代企业转化来的，他们与外国资本主义有密切的联系。这两者构成了民族资产阶级的上层，他们投资的企业规模较大，在100多家私人企业中占了21家。那些为了生存而采用机器生产，并由原手工工场主、作坊主和小商人转化来的一部分资本家，与本国封建势力和外国资本主义均联系较少而矛盾却很大，是民族资产阶级的中下层。民族资产阶级的上层和中下层由于所处的社会地位不同，与本国封建势力和外国资本主义的关系不同，其政治要求也不同：上层倾向于温和的改良，中下层则趋向于革命。

甲午战争后，资产阶级这两个阶层的代表几乎同时登上了历史舞台，前者即是以康有为为首的维新派，后者则是以孙中山为首的革命派。甲午战争后初期，前者的力量远大于后者，因而维新思潮暂时成为主流。

但是，由这样一个不成熟的阶级并反映其上层的利益的政治代表发动领导的政治运动，在树大根深的封建守旧势力面前，怎么能不打败仗呢？因而，一经顽固守旧势力反击，维新派便顷刻瓦解，或丢盔弃甲，落荒而逃，或慷慨赴难，刑场捐躯。没有坚实的经济基础和广泛有力的阶级基础作后盾，是维新变法运动失败的根本原因。

正因为没有强有力的后盾，康有为们才把变法成功的希望寄托在光绪帝身上，以为只要光绪帝"乾纲独断，以君权雷厉风行"，就会一呼百应，天下景从，新政就可立马施行，中国就可即刻富强。却不想想，光绪帝根本无力"乾纲独断"，又何以"雷厉风行"地推行新政？慈禧一声令下，连光绪帝本人都成了阶下囚、笼中鸟。让光绪帝一人去完成革旧维新的大业实在是勉为其难。事实证明，面对强大的守旧势力和既得利益集团，如果没有强有力的经济基础和阶级基础作后盾，把希望寄托在个别人物，尤其是光绪帝这个自己尚不能自主的皇帝身上，是十分危险的，这种改革注定是要失败的。

正因为没有强有力的经济基础和阶级基础作后盾，维新派也就没有建立起坚强有力的组织，无论是强学会还是保国会，都是成员成分复杂不一、组织纪律松懈涣散，起不到维新变法所需要的组织和领导作用。而缺乏坚强领导的运动是很难取得胜利的。

也正因为缺乏强有力的经济基础和阶级基础作后盾，维新派对西方资本主义列强抱有不切实际的幻想。

他们对列强的侵略欺凌义愤填膺，却又迷惑于某些侵略分子的伪善面目，幻想依靠某些外国势力支持自己完成变法自强的大业。以慈禧为首的后党当时亲俄，他们则幻想英、日、美等来支持他们，当时"热心"鼓吹中国变法的李提摩太、李佳白、林乐知等俱为英、美传教士，日本也派人多方游说，更使他们对英、日、美期望过高。百日维新期间，他们曾计划聘请伊藤博文和李提摩太作清政府的顾问，康有为甚至还曾提出"合邦"的建议，即把中国变为英、日、美的保护国，希望借此取得其对维新变法的支持。但是，列强支持中国变法是别有用心的，而且，他们不可能事实上也没有积极支持维新派的变法活动，只是在政变后掩护了康有为、梁启超等人逃脱清政府的魔掌。事实证明，西方列强是靠不住的，即使他们真的支持了中国的变法运动，其结果也不是把中国引上独立富强的道路。

当然，维新变法运动首先是民族危机的产物，迫在眉睫的民族救亡要求把以康有为为代表的资产阶级维新派推上了历史舞台，康有为们是在缺乏充分准备的情况下仓促上阵的。作为后人，我们不能也不应该要求康有为们等到强有力的经济基础和阶级基础具备之后再去发动维新变法运动，那不是历史唯物主义。同样，我们也不能要求作为资产阶级上层政治代表的维新派去宣传发动广大的劳动人民投身于维新变法运动，那也不是他们的任务。

另外，康有为等缺乏政治经验，变法贪多求快，既不考虑实际操作上是否可行，也没充分考虑改革措施所可能遇到的阻力，这也是变法失败的原因。

不灭的功绩

维新变法运动首先是一场不彻底的，仅由部分上层人士参与的爱国救亡运动。我们已经知道，这次运动是在中日甲午战争中中国战败、资本主义列强加紧侵略中国、中国面临着被瓜分的空前严重的民族危机的直接刺激下出现的。它肇始于甲午战争中国失败之际，在资本主义列强瓜分中国的狂潮中一步步走向高潮，有力地表明了资产阶级维新派发动这场运动的最重要的目的是挽救民族危亡，是救亡图存。在运动中，康有为、梁启超们奔走呼号，向国人指出中国面临的危险，号召变法维新以图自强，并以极大的热情投身于维新变法的实践，乃至为此捐躯殉难，表现出了高昂的爱国主义精神。

维新变法运动又是一场资产阶级启蒙运动，是中国近现代史上第一次思想解放运动。对此，范文澜先生曾有过精辟的论述，他说："戊戌变法运动的进步意义，主要表现在知识分子得到了一次思想上的解放。中国的封建制度，相沿几千年，流毒无限。清朝统治者，选择一整套封建毒品来麻痹知识分子，务使失去头脑的作用，驯服在腐朽统治之下。这些毒品是程朱理学、科举制度、八股文章、古文经学（训诂考据）等等，所有保护封建制度的东西，一概挂上孔圣人的招牌，不许有人摇一摇头，其为害之广之深，与象征帝国主义的鸦片（当然不只是鸦片），可称中外二竖，里应外合，要中国的命。以康有为为首的思想家们，公然对清朝用惯了的毒品大摇其头，拿陆王来对抗程朱，拿今文来对抗古文，拿学校和策论来对抗科举和八股，所有资产阶级所需要的措施，也一概挂上孔圣人的招牌，把述而不作改变成托古改制，拿孔子来对抗孔子，因此，减轻了'非圣无法'的压力。当时一整套毒品，受到了巨大的冲荡，知识分子从此在封建思想里添加了一些资本主义思想，比起完全封建思想来，应该说，前进了一步……这是中国知识分子的一次思想解放，虽然仅仅走了第一步，却是很值得重视的一步。"

在这场运动中，以康有为为代表的资产阶级维新派，一方面猛烈抨击了顽固守旧思想，阐述了在中国进行改革的必要性和紧迫性，另一方面在一定程度上批判了君主专制制度，揭露了传统学术文化的空疏无用和八股取士的弊端，宣传了资产阶级民主政治和学术思想，并广泛采用了开学会、办报刊的方式宣传自己的维新变法主张，给中国社会带来了一股新鲜的气息，在知识分子中间产生了巨大的震动和广泛的影响。此后，越来越多的人反省、思考、探索其他更好的强国富民之路，这就给死气沉沉的中国思想界打开了一个大缺口，给中国社会注入了新的内容，极大地解放了人们的思想。要变法，要采用西方的政治制度来改造中国的君主制度，成为一股强劲的时代思潮。

毛泽东在谈到中国人学习西方的历程时曾指出："自从 1840 年鸦片战争失败那时起，先进的中国人，经过千辛万苦，向西方国家寻找真理。洪秀全、康有为、严复和孙中山，代表了在中国共产党出世以前向西方寻找真理的一派人物。"在这四个人中，维新变法运动时期占了两个（洪秀全是否向西方寻找真理的先进人物，史学界有争议）。可以说，康有为、梁启超、谭嗣同、严复等维新派人物奠定了中国近代文明的基础，维新变法运动是中国民族觉醒的一座里程碑。

维新变法运动以自己的失败证明，企图依靠清政府进行自上而下的变革的道路走不通。康有为们只知道俄国彼得大帝和日本明治天皇实行自上而下的变革取得了成功，企图在中国照搬俄国和日本的经验，殊不知中国有着与俄、日不同的国情，光绪帝也不是彼得大帝和明治天皇。中国是一个有着长期封建社会历史积淀的大国，要想在一朝一夕改变她太困难了。作为一个想有所作为的青年皇帝，光绪帝已经尽了自己最大的努力，但他无力担负起改变中国的重任。以慈禧为首的后党和顽固派，紧紧掌握着清政府的大权不放，他们有雄厚的经济基础和阶级基础作后盾，不容许丝毫有损其利益的改革。曾几何时，康有为们还东奔西走，为光绪帝的采纳新法、重用维新人士而欢呼雀跃、踌躇满志，好像依靠光绪帝的"雷霆万钧之力"，不用多久就可尽变旧法，中国就会成为他们希望中的崭新世界。然而，转瞬间即风云变色，光绪帝被囚瀛台，康梁逃亡海外，六君子喋血菜市口，慈禧再度垂帘,新政尽被废除,百日维新只是昙花一现。于是,资产阶级维新派发生分化,越来越多的人丢掉了幻想,由寄希望于清政府的改革转向推翻清政府的革命,为此后孙中山领导的辛亥革命作了准备。

毫无疑问,一百多年前的这场维新变法运动是中国知识分子的一次壮举,虽然它无可挽回的失败了,但它将永远彪炳史册,维新志士们的爱国主义精神将永远激励着后来人高举爱国主义的旗帜,为中华民族的伟大复兴和文明富强而奋斗。

参考书目

1. 中国史学会主编《中国近代史资料丛刊·戊戌变法》1~4册,上海人民出版社,1957;上海人民出版社,上海书店出版社,2000。
2. 汤志钧:《戊戌变法史》,人民出版社,1984;上海社会科学院出版社,2003年修订本。
3. 汤志钧:《戊戌变法人物传稿》,中华书局,1982。
4. 孔祥吉:《康有为变法奏议研究》,辽宁教育出版社,1988。
5. 王栻:《维新运动》,上海人民出版社,1986。
6. 林克光:《革新派巨人康有为》,中国人民大学出版社,1990。
7. 马洪林:《康有为大传》,辽宁人民出版社,1988。
8. 黄彰健:《戊戌变法史研究》,中央研究院历史语言研究所专刊之五十四,1970;上海书店出版社,2007。
9. 王树槐:《外人与戊戌变法》,精华印书馆,1965;上海书店出版社,1998。
10. 李文海、孔祥吉编中国史专题讨论丛书《戊戌变法》,巴蜀书社,1986。

《中国史话》总目录

系列名	序号	书名	作者	
物质文明系列（10种）	1	农业科技史话	李根蟠	
	2	水利史话	郭松义	
	3	蚕桑丝绸史话	刘克祥	
	4	棉麻纺织史话	刘克祥	
	5	火器史话	王育成	
	6	造纸史话	张大伟	曹江红
	7	印刷史话	罗仲辉	
	8	矿冶史话	唐际根	
	9	医学史话	朱建平	黄　健
	10	计量史话	关增建	
物化历史系列（28种）	11	长江史话	卫家雄	华林甫
	12	黄河史话	辛德勇	
	13	运河史话	付崇兰	
	14	长城史话	叶小燕	
	15	城市史话	付崇兰	
	16	七大古都史话	李遇春	陈良伟
	17	民居建筑史话	白云翔	
	18	宫殿建筑史话	杨鸿勋	
	19	故宫史话	姜舜源	
	20	园林史话	杨鸿勋	
	21	圆明园史话	吴伯娅	
	22	石窟寺史话	常　青	
	23	古塔史话	刘祚臣	
	24	寺观史话	陈可畏	
	25	陵寝史话	刘庆柱	李毓芳
	26	敦煌史话	杨宝玉	
	27	孔庙史话	曲英杰	
	28	甲骨文史话	张利军	
	29	金文史话	杜　勇	周宝宏

系列名	序号	书名	作者
物化历史系列（28种）	30	石器史话	李宗山
	31	石刻史话	赵 超
	32	古玉史话	卢兆荫
	33	青铜器史话	曹淑芹 殷玮璋
	34	简牍史话	王子今 赵宠亮
	35	陶瓷史话	谢端琚 马文宽
	36	玻璃器史话	安家瑶
	37	家具史话	李宗山
	38	文房四宝史话	李雪梅 安久亮
制度、名物与史事沿革系列（20种）	39	中国早期国家史话	王 和
	40	中华民族史话	陈琳国 陈 群
	41	官制史话	谢保成
	42	宰相史话	刘晖春
	43	监察史话	王 正
	44	科举史话	李尚英
	45	状元史话	宋元强
	46	学校史话	樊克政
	47	书院史话	樊克政
	48	赋役制度史话	徐东升
	49	军制史话	刘昭祥 王晓卫
	50	兵器史话	杨 毅 杨 泓
	51	名战史话	黄朴民
	52	屯田史话	张印栋
	53	商业史话	吴 慧
	54	货币史话	刘精诚 李祖德
	55	宫廷政治史话	任士英
	56	变法史话	王子今
	57	和亲史话	宋 超
	58	海疆开发史话	安 京

系列名	序号	书名	作者		
交通与交流系列（13种）	59	丝绸之路史话	孟凡人		
	60	海上丝路史话	杜 瑜		
	61	漕运史话	江太新	苏金玉	
	62	驿道史话	王子今		
	63	旅行史话	黄石林		
	64	航海史话	王 杰	李宝民	王 莉
	65	交通工具史话	郑若葵		
	66	中西交流史话	张国刚		
	67	满汉文化交流史话	定宜庄		
	68	汉藏文化交流史话	刘 忠		
	69	蒙藏文化交流史话	丁守璞	杨恩洪	
	70	中日文化交流史话	冯佐哲		
	71	中国阿拉伯文化交流史话	宋 岘		
思想学术系列（21种）	72	文明起源史话	杜金鹏	焦天龙	
	73	汉字史话	郭小武		
	74	天文学史话	冯 时		
	75	地理学史话	杜 瑜		
	76	儒家史话	孙开泰		
	77	法家史话	孙开泰		
	78	兵家史话	王晓卫		
	79	玄学史话	张齐明		
	80	道教史话	王 卡		
	81	佛教史话	魏道儒		
	82	中国基督教史话	王美秀		
	83	民间信仰史话	侯 杰		
	84	训诂学史话	周信炎		
	85	帛书史话	陈松长		
	86	四书五经史话	黄鸿春		

系列名	序号	书名	作者	
思想学术系列（21种）	87	史学史话	谢保成	
	88	哲学史话	谷 方	
	89	方志史话	卫家雄	
	90	考古学史话	朱乃诚	
	91	物理学史话	王 冰	
	92	地图史话	朱玲玲	
文学艺术系列（8种）	93	书法史话	朱守道	
	94	绘画史话	李福顺	
	95	诗歌史话	陶文鹏	
	96	散文史话	郑永晓	
	97	音韵史话	张惠英	
	98	戏曲史话	王卫民	
	99	小说史话	周中明	吴家荣
	100	杂技史话	崔乐泉	
社会风俗系列（13种）	101	宗族史话	冯尔康	阎爱民
	102	家庭史话	张国刚	
	103	婚姻史话	张 涛	项永琴
	104	礼俗史话	王贵民	
	105	节俗史话	韩养民	郭兴文
	106	饮食史话	王仁湘	
	107	饮茶史话	王仁湘	杨焕新
	108	饮酒史话	袁立泽	
	109	服饰史话	赵连赏	
	110	体育史话	崔乐泉	
	111	养生史话	罗时铭	
	112	收藏史话	李雪梅	
	113	丧葬史话	张捷夫	

系列名	序号	书名	作者
近代政治史系列（28种）	114	鸦片战争史话	朱谐汉
	115	太平天国史话	张远鹏
	116	洋务运动史话	丁贤俊
	117	甲午战争史话	寇伟
	118	戊戌维新运动史话	刘悦斌
	119	义和团史话	卞修跃
	120	辛亥革命史话	张海鹏 邓红洲
	121	五四运动史话	常丕军
	122	北洋政府史话	潘荣 魏又行
	123	国民政府史话	郑则民
	124	十年内战史话	贾维
	125	中华苏维埃史话	温锐 刘强
	126	西安事变史话	李义彬
	127	抗日战争史话	荣维木
	128	陕甘宁边区政府史话	刘东社 刘全娥
	129	解放战争史话	汪朝光
	130	革命根据地史话	马洪武 王明生
	131	中国人民解放军史话	荣维木
	132	宪政史话	徐辉琪 傅建成
	133	工人运动史话	唐玉良 高爱娣
	134	农民运动史话	方之光 龚云
	135	青年运动史话	郭贵儒
	136	妇女运动史话	刘红 刘光永
	137	土地改革史话	董志凯 陈廷煊
	138	买办史话	潘君祥 顾柏荣
	139	四大家族史话	江绍贞
	140	汪伪政权史话	闻少华
	141	伪满洲国史话	齐福霖

系列名	序号	书名	作者
近代经济生活系列（17种）	142	人口史话	姜涛
	143	禁烟史话	王宏斌
	144	海关史话	陈霞飞 蔡渭洲
	145	铁路史话	龚云
	146	矿业史话	纪辛
	147	航运史话	张后铨
	148	邮政史话	修晓波
	149	金融史话	陈争平
	150	通货膨胀史话	郑起东
	151	外债史话	陈争平
	152	商会史话	虞和平
	153	农业改进史话	章楷
	154	民族工业发展史话	徐建生
	155	灾荒史话	刘仰东 夏明方
	156	流民史话	池子华
	157	秘密社会史话	刘才赋
	158	旗人史话	刘小萌
近代中外关系系列（13种）	159	西洋器物传入中国史话	隋元芬
	160	中外不平等条约史话	李育民
	161	开埠史话	杜语
	162	教案史话	夏春涛
	163	中英关系史话	孙庆
	164	中法关系史话	葛夫平
	165	中德关系史话	杜继东
	166	中日关系史话	王建朗
	167	中美关系史话	陶文钊
	168	中俄关系史话	薛衔天
	169	中苏关系史话	黄纪莲
	170	华侨史话	陈民 任贵祥
	171	华工史话	董丛林

系列名	序号	书名	作者
近代精神文化系列（18种）	172	政治思想史话	朱志敏
	173	伦理道德史话	马勇
	174	启蒙思潮史话	彭平一
	175	三民主义史话	贺渊
	176	社会主义思潮史话	张武 张艳国 喻承久
	177	无政府主义思潮史话	汤庭芬
	178	教育史话	朱从兵
	179	大学史话	金以林
	180	留学史话	刘志强 张学继
	181	法制史话	李力
	182	报刊史话	李仲明
	183	出版史话	刘俐娜
	184	科学技术史话	姜超
	185	翻译史话	王晓丹
	186	美术史话	龚产兴
	187	音乐史话	梁茂春
	188	电影史话	孙立峰
	189	话剧史话	梁淑安
近代区域文化系列（十一种）	190	北京史话	果鸿孝
	191	上海史话	马学强 宋钻友
	192	天津史话	罗澍伟
	193	广州史话	张磊 张苹
	194	武汉史话	皮明庥 郑自来
	195	重庆史话	隗瀛涛 沈松平
	196	新疆史话	王建民
	197	西藏史话	徐志民
	198	香港史话	刘蜀永
	199	澳门史话	邓开颂 陆晓敏 杨仁飞
	200	台湾史话	程朝云

《中国史话》主要编辑出版发行人

总 策 划	谢寿光	王　正	
执行策划	杨　群	徐思彦	宋月华
	梁艳玲	刘晖春	张国春
统　　筹	黄　丹	宋淑洁	
设计总监	孙元明		
市场推广	蔡继辉	刘德顺	李丽丽
责任印制	郭　妍	岳　阳	